엔젤 넘버

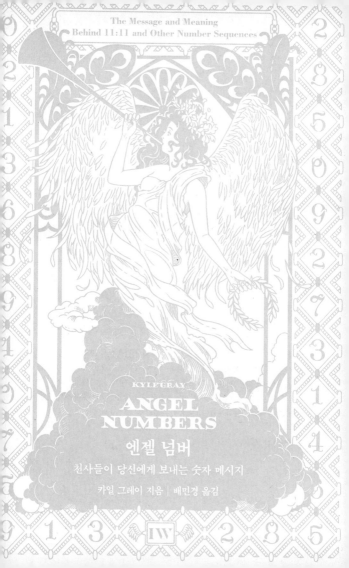

The Message and Meaning
Behind 11:11 and Other Number Sequences

KYLE GRAY

ANGEL NUMBERS

엔젤 넘버

천사들이 당신에게 보내는 숫자 메시지

카일 그레이 지음 | 배민경 옮김

IW

엔젤 넘버
ⓒ 카일 그레이, 2024

카일 그레이 짓고, 배민경 옮긴 것을 정신세계사 김우종이 2025년 1월 1일
처음 펴내다. 이현율이 다듬고, 변영옥이 꾸미고, 한서지업사에서 종이를,
영신사에서 인쇄와 제본을, 하지혜가 책의 관리를 맡다. 정신세계사의
등록일자는 1978년 4월 25일 (제2021-000333호), 주소는 03965 서울시 마포구
성산로4길 6 2층, 전화는 02-733-3134, 팩스는 02-733-3144이다.

2025년 1월 1일 펴낸 책 (초판 제1쇄)

ISBN   978-89-357-0474-3 00190

홈페이지 mindbook.co.kr   인터넷 카페 cafe.naver.com/mindbooky
유튜브 youtube.com/innerworld   인스타그램 instagram.com/inner_world_publisher

"카일 그레이는 새로운 세대의 영성인들 그리고
오래전부터 이미 구도행을 걷던 이들을 위한, 굉장한
재능을 가진 영매이자 안내자다."
— 가브리엘 번스타인Gabrielle Bernstein,
《우주에는 기적의 에너지가 있다》와
《지금 일어나는 기적》(Miracles Now)의 저자

"카일 그레이는 〈우먼스 월드Woman's World〉 매거진에서
독자들이 천사로부터 받은 신성한 메시지의 의미를 매주
해석해주고 있다. 그는 일상에서 계속 나타나는 숫자
속에 숨겨진 천사들의 메시지를 간단하고 명료한 언어로
해석해준다. 우리 눈을 번쩍 뜨이게 하는, 영감을 주는,
인생을 완전히 뒤바꿀 만한 책이다!"
— 〈우먼스 월드〉 매거진

"카일 그레이는 세계 최고의 천사 커뮤니케이터 중 한
명이다. 나는 그가 작업하는 모습을 봤으며, 그에게는
진정성과 지성 그리고 깊은 자비심이 있다. 그와 그의
모든 작업물들을 적극 추천한다!"
— 콜레트 바론 리드Colette Baron-Reid, 오라클 전문가

"온몸에 소름이 돋았다. 카일 그레이는 천사들의 지혜를 최대한 쉽고 다정하게 해석해주는, 세상에서 가장 핫하고 힙한 영매다. 그의 뛰어난 영적 재능을 더할 나위 없을 정도로 강력히 추천하는 바이다."
— 메건 와터슨Meggan Watterson,
《막달라 마리아를 밝히다》(Mary Magdalene Revealed)의 저자

"나는 카일 그레이를 정말 좋아한다. 그는 당신의 내면에서 솟아나려 하는 모든 것들과 다시 연결될 수 있도록, 당신을 둘러싸고 있는 자애로운 지원을 받아들일 수 있도록, 사라지길 원하는 것들을 아름답게 놓아버릴 수 있도록 도와준다."
— 레베카 캠벨Rebecca Campbell,
《요즘 대세는 빛》(Light is the New Black)과
《일어나라 자매여, 일어나라》(Rise Sister Rise)의 저자

"카일 그레이는 삶을 변화시킨다."
— 〈더 선The Sun〉 신문

"카일 그레이는 현재 영국에서 가장 성공한 '엔젤 리더angel reader' 중 한 명이다."
— 〈사이콜로지스Psychologies〉 매거진

"카일 그레이는 현실적이고 실제적인 초능력자이며, 나는 그가 말하는 것이 놀라울 정도로 정확하다는 것을 알게 되었다. 그는 영적 세계와 긴밀히 연결되어 있는 사람이다."
— 데이비드 R. 해밀턴David R. Hamilton 박사,
《마음이 몸을 치료한다》의 저자

"카일은 이 분야의 전문가다."
— 〈스피릿&데스티니Spirit&Destiny〉 매거진

"당신이 카일과 당신 곁의 천사들에게 전폭적인 지원을 받고 있음을, 당신이 돌파구를 찾아낼 때마다 그들도 함께 축하해주고 있음을 느끼게 될 것이다."
— 샌디 C. 뉴비깅Sandy C. Newbigging,
《마음의 평온》(Mind Calm)의 저자

"영성 분야에서 가장 핫한 이름!"
— 〈소울&스피릿Soul&Spirit〉 매거진

천사들이여,

세상에 당신의 존재를

상기시켜주어 감사합니다.

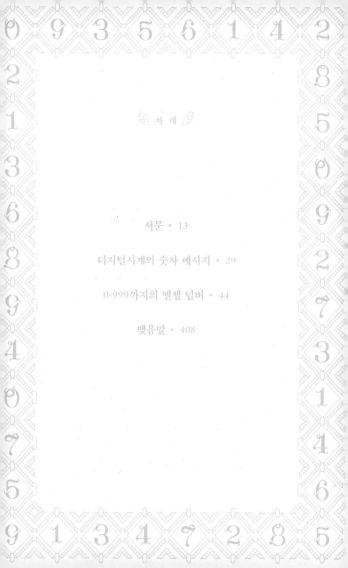

≋ 차 례 ≋

천사들은 정말로 존재합니다. 물론 당신도 천사들이
진짜라는 것을 이미 알고 있을지 모르겠지만, 어쨌든
나는 이 말로 책을 시작하고 싶습니다. 이 신성한
존재들은 지난 몇천 년 동안 지구상의 사람들에게
자신의 존재를 알리려 했습니다.

사실, 태초부터 세계 각지의 사람들은 이승과 저승을
연결해주고, 일상적인 과업과 문제들을 헤쳐 나갈 수
있게 도와주며, 돌아갈 준비가 된 영혼들이 영계로
넘어갈 수 있게 도와주는 신성한 존재가 있다고
믿어왔습니다. 호주 원주민 부족들은 동굴 벽에
이들의 모습을 그렸는데, 빛나는 커다란 얼굴과 큰
눈, 후광이 비치는 머리를 그려 이들을 묘사했지요.
오늘날에도 일본의 신토神道에는 카미라고 하는 자비와
은총의 존재가 있습니다. 카미는 '마치 날개가 달린
것처럼' 날아다니며 자신을 찾는 사람들을 도와주는

자연의 힘이라고 알려져 있습니다. 티베트 불교에도
보살이라 불리는 비슷한 존재가 있습니다. 보살은
순수한 자비심의 존재로서 자신을 찾는 모든 이들이
고통을 극복하고 가장 큰 두려움에서 벗어날 수
있도록 돕습니다. 뉴욕 컬럼비아 대학교의 인도-
티베트 불교학 교수인 로버트 서먼Robert Thurman은
보살을 "불교의 대천사적 존재"라고 설명합니다.
형태는 각기 다양하더라도 거의 모든 영적·종교적
전통에는 사랑과 빛의 존재들이 비슷하게 존재합니다.
인도에는 동물의 얼굴, 새의 날개, 인간의 몸을
가진 신들이 있으며 히브리어 성경에는 예언자
에스겔Ezekiel이 어린아이, 황소, 사자, 독수리의 얼굴을
한 천사의 환상을 보았다는 이야기가 있습니다.
이러한 존재들은 나중에 '불의 구체들'(spheres of fire)과
'불타는 자들'로 묘사되었는데, 당시에는 전기가
없었고 주변을 환히 밝히는 방법이 일반적으로
불을 피우는 것이었기 때문에 이런 묘사가 나온 것
같습니다. 개인적인 의견이긴 하지만 천사는 전 세계
어디에서나 당시 사람들의 지식, 경험, 이해, 믿음에
완벽하게 부합하는 모습으로 나타납니다. 천사의
존재를 증명할 확실한 과학적 증거는 없지만, 기초

사회학에 따르면 장거리 통신이 가능하기 훨씬 전부터 두 세계를 오가는 신성한 메신저에 대한 믿음이 전 세계적으로 통용되었다고 합니다.

오늘날 천사에 대한 믿음은 더욱 강해지고 있습니다. 2016년에 영국인 2,000명을 대상으로 한 설문조사에 따르면 이들 중 3분의 1이 천사를 믿는다고 답했고, 천사를 만난 적이 있다고 답한 사람은 열 명 중 한 명꼴이었다고 합니다. 또, 최근 미국에서 실시한 여론조사에 따르면 미국인 열 명 중 여덟 명이 천사를 믿는다고 합니다. 정말 흥미롭지 않나요!

현재 많은 사람들이 하늘의 메시지이자 사인이라고밖에 설명할 수 없는 것들을 받고 있는 것도 그리 놀라운 일은 아닙니다. 천사들은 자신이 곁에 있음을 우리에게 알리고 싶어하니까요.

이러한 메시지 중 어떤 것들은 숫자로 나타납니다. 수천 년 동안 숫자는 상서로운 것으로 여겨져 왔으며, 우주를 이해하는 한 방법으로도 여겨져 왔습니다. 고대 그리스의 철학자 피타고라스는 숫자에 고유의 진동 값이 있다고 생각했으며, 이것이 음표의 진동 값과도 대응한다고 믿었습니다. 그는 오로지 이름, 생년월일, 출생지의 숫자 값만으로 사람의

성격과 외모에 대한 정보를 파악할 수 있는 체계를
만들었습니다. 이 체계를 피타고라스 수비학이라고
합니다.

이와는 대조적으로 현대의 수비학은 이름(운명 수를
알 수 있음)과 생년월일(인생 여정 수를 알 수 있음)의
수비학적 값에 초점을 맞추고 있습니다. 이렇게 알게
된 정보를 통해 특정 목적에 관한 소명의식, 어떤 성격
특성이 다른 성격 특성보다 강한 이유, 내가 이 생애
동안 직면하게 될 도전 과제 등을 알 수 있습니다.

이 책의 엔젤 넘버와 '0~9의 키워드'(26쪽 참조)는
피타고라스 수비학과 내용이 비슷합니다. 하지만
각각의 엔젤 넘버에 대한 정보들은 내가 임의로
추정해낸 것이라기보다는 신성한 영감으로 내려받은
정보이자 채널로 전달받은 정보들입니다.

이 책에 나온 정보를 활용하면 내 영혼의 소명이
무엇인지, 천사들이 인생 여정 속에서 나를 어떻게
도와주려 하는지를 엔젤 넘버와 수비학을 결합한
방식으로 알아볼 수 있습니다.

나는 지난 16년간 영성을 연구해온 사람으로서 숫자의
참된 의미를 오랫동안 공부해왔습니다. 그리고 수년간
연구했던 타로와 서구의 신비 전통에 많은 영향을

받아 나름의 결론을 내릴 수 있었습니다. 이 책을 쓰는 동안 나는 오랜 시간 명상을 하며 천사들에게 특정 숫자의 메시지와 진동 값을 알려달라고 요청하기도 했는데, 이런 노력들은 내가 이 책에서 독자 여러분께 알려드릴 해석을 구체화하는 데 많은 도움이 되었습니다.

오늘날 우주에 대한 지식과 지구의 자전, 공전은 모두 숫자로 계산됩니다. 그러니 우주의 가장 위대한 메신저인 천사들이 우리에게 하늘의 메시지를 보낼 때 숫자를 사용하는 것은 어찌 보면 당연한 일입니다. 예를 들어 자동차 번호판, 영수증, 항공편 번호, 핸드폰 화면 등을 통해 일상 중에 어떤 숫자가 되풀이해서 나타난 경험이 당신에게도 한 번쯤은 있었을 겁니다. 이런 숫자들은 그냥 숫자가 아니라 엔젤 넘버입니다. 천사의 메시지이자 행동하라는 부름이지요.

디지털 시대라고 할 수 있는 지금, 천사들은 디지털시계의 숫자들까지도 활용하고 있습니다. 예컨대 11:11 같은 것 말입니다.

어딜 쳐다보든, 보는 곳마다 11:11이 있다는 것을
내가 처음으로 인식한 것은 10대 때였습니다. 그때
나는 처음으로 핸드폰을 쓰게 되었는데, 화면을
볼 때마다 11:11이 보였던 게 아직도 기억납니다.
당시에는 '내가 미쳐가고 있는 건가? 아니면 상상으로
지어내는 걸까? 그것도 아니면 내가 무의식적으로
11시 11분에만 핸드폰을 보는 걸까?'라는 생각을
했지만 바로 얼마 뒤, 이 모든 의심을 끊어낼 만한
사건이 벌어졌습니다. 나는 엄마와 몇몇 친구들에게
이 사실을 말했는데, 그 뒤로는 나와 함께 있을 때
그들에게도 같은 일이 벌어지기 시작한 것입니다.
핸드폰 화면 외에도 다른 방식으로 계속해서 연속
숫자들이 눈앞에 나타났습니다. 장을 보러 마트에
가면 영수증에 11.11유로가 찍혀 있고, 커피와
케이크를 주문하면 4.44유로가 나왔습니다. 어딜 가든다 이런 식이었습니다.

당시 나는 영성에 대해 깊이 몰랐음에도 이게
도대체 무슨 일인가 싶어 기도를 했는데, 대략 이런
내용이었습니다. "천사들이여, 이 숫자를 보여주는
게 당신들이라면 오늘 연속 숫자를 세 번 보여주세요.
그러면 그걸 당신들이 전하고 싶은 말이 있다는
신호로 받아들일게요." 그리고 그날 내 눈에는 연속
숫자가 계속해서 보였습니다. ― 나는 천사들이 내게
메시지를 보내고 있다는 걸 알 수 있었습니다.

하지만 천사들이 무슨 말을 하고 싶은 건지는 전혀
알 수가 없었습니다. 그래서 구글에다 '11:11의 뜻'을
검색한 뒤 여러 가지 해석을 읽었던 기억이 납니다.
대부분의 사람들은 이 숫자가 '지금은 소원을 빌 때'
또는 '지금은 의도를 세울 때'라는 뜻의 숫자라고
했고, 또 어떤 사람들은 '자신의 생각을 가장 지고한
것에 동조시키라는 천사들의 격려'라는 뜻이라고도
했습니다. 나는 구글에서 명확한 답을 찾지 못할
때면 항상 명상을 해왔기 때문에, 이번에도 그렇게
했습니다.

명상 중에 다음과 같은 간단한 기도를 했던 기억이
납니다. "천사들이여, 제가 알아야 할 11:11의 의미에

대해 알려주셔서 감사합니다." 그러자 순식간에
내 마음속에 예수님과 부처님의 이미지를 포함한,
영화 클립 같은 많은 이미지와 장면들이 보였고
"우리는 모두 하나"라는 말이 들려왔습니다. 비전이
계속 이어지면서 무슬림들이 메카를 향해 기도하는
모습이 보였고 "우리는 모두 하나"라는 말이 다시
들려왔습니다. 그러다 밥 말리가 〈원 러브One Love〉를
부르는 비전을 보며 모든 것이 하나로 망라되는
느낌을 받았습니다. 나는 천사, 상승 마스터, 신과
하나였습니다!

II:II은 우리가 오랜 세월 계속해서 받아온
메시지이며 우리 모두가 하나라는 것을
상기시켜줍니다. 우리는 우주를 창조하고 일구는
에너지장 속에서 서로 엮여 있고, 또 연결되어
있습니다.

하지만 이게 끝은 아닙니다. 내게 있어, 반복되는
이 메시지에는 그저 "당신은 모든 존재와 하나"라는
뜻만 있지 않습니다. 이는 '행동하라는 부름'이기도
합니다. 즉, 우주의 힘과 빛이 우리 안에 있음을
완전히 인식하라는 우주/신(내게는 이 둘이 같습니다)의
재촉인 것이지요. 예수님은 "천국이 너희 안에 있다"고

말씀하셨습니다. 우주의 힘과 빛이 우리 안에 있다면 우리가 삶 속에서 행하기로 선택한 어떤 것이 우주의 에너지에도 영향을 미칠 것입니다. 따라서 11:11은 나 자신, 나의 의도, 나의 행동을 가장 지고한 것에 동조시키라는 부름입니다. 빛의 일꾼 또는 지상의 천사*가 된다는 것의 의미가 바로 이것입니다.

천사들은 언제나 답을 알고 있다

아무튼, 그렇게 해서 이번에도 천사들이 답을 주었습니다. 천사들은 언제나 그래왔습니다. 모든 이의 안에 우주의 힘이 있는 것과 같이, 우리 모두의 곁에는 천사들이 있습니다. 나는 모든 사람에게 언제나 둘 이상의 천사가 함께하고 있다고 생각합니다. 수많은 생애 동안 당신과 줄곧 함께해온 수호천사가 하나 있고, 또 다른 천사가 최소한 하나는 더 있습니다. 왜냐하면 당신이 인생 여정의 어느 지점에 와 있는지, 지금 어떤 노력을 하고 있으며 어떤 것을 직면하고 있는지에 따라, 그리고 때에 따라 각기

---

* Earth angel. 인류를 돕기 위해 지구에 육신을 가지고 환생한, 지구보다 더 높은 차원에서 온 영적 존재. 역주.

다른 천사들이 당신과 함께하기 때문입니다. 우리가
어디에 있든 천사들은 항상 우리 곁에 있습니다.
이들은 우리를 인도하고 지지해주는 것을 아주
좋아합니다. 그러나 천사들은 항상 신성의 법칙에
따라 행동하므로 우리가 허락하지 않는 한 보통은
우리 삶 속의 일들을 도와줄 수 없습니다.

그러나 천사가 허락 없이도 우리를 위해 상황에
개입할 수 있는 유일한 때가 있는데, 나는 이를 '은총의
순간'이라고 부릅니다. 기본적으로 이러한 순간은
우리가 최고의 선(highest good)과 진리에서 벗어날
상황에 처해 있거나, 이생의 사명을 세상에 펼치기
시작했지만 아직 완수하지 못한 채로 생사의 갈림길에
놓여 있을 때입니다. 이런 상황에서는 천사들이
구원의 은총이 될 수 있습니다.

물론 꼭 그런 극단적인 상황에 처해 있어야만 천사의
도움을 받을 수 있는 건 아닙니다. 천사들에게 인도를
요청하는 기도를 할 때마다 우리는 응답을 받습니다.
다만 우리가 듣지 못할 뿐입니다. 내 생각에 이는
대부분의 사람들이 수년 동안 다른 사람의 말은커녕
자기 자신에게서 나오는 소리조차 들으려 하지 않았기
때문이며, 또한 자기 내면의 안내를 무시해왔기

때문입니다. 간단히 말해, 들으려는 또는 보려는
의지가 강하면 그만큼 천사들의 응답도 크게 들리고
선명하게 보입니다. 앞서 언급했듯이 요즘의 천사들은
디지털 미디어를 통해 우리에게 메시지를 보내고, 또
자신들의 존재를 상기시키고 있습니다.

내가 출간한 다른 책들, 특히 11:11과 22:22라는
숫자를 지속적으로 목격하면서 영감을 받아 쓴
《진동수를 높여라》(Raise Your Vibration)라는 책에서도
나는 이러한 연속 숫자에 관해 설명한 적이 있습니다.
하지만 최근에 나는 천사들에게 반복적으로 보이는
특정 숫자에 담긴 메시지와 테마를 더 깊이 이해할
수 있게 해달라고 요청했고, 이에 따라 엔젤 넘버에
관한 이 책을 쓰게 되었습니다. 당신은 이 책을 읽으며
천사들이 숫자를 통해 무슨 말을 전하고 있는지를
알게 될 것이며, 질문과 기도에 대한 응답을 받게 될
것입니다.

나는 노트북이나 핸드폰의 디지털시계에서 볼 수
있는 네 자리 숫자에 대해 먼저 살펴본 다음, 0에서
999까지의 숫자의 의미를 각각 설명하려 합니다.
계속해서 당신의 눈에 띄는 특정 숫자를 이 책 속에서
찾을 수 없다면, 그 숫자를 두세 그룹으로 나눈 다음
각각의 뜻을 살펴보고 그 뜻을 합쳐보세요. 예를
들어 어딜 가나 67891이 계속 보이는 경우 67, 89, 1에
대한 메시지를 따로따로 살펴보고 이를 합쳐서 전체
메시지를 파악해보는 겁니다.
혹시나 궁금해하는 독자분들이 있을 수 있기에 좀더
자세히 설명해보겠습니다.

- 67: 당신 삶 속의 에너지가 어디로 흐를지,
  천사들의 도움이 어떤 쪽으로 향할지는 당신의
  생각에 달려 있습니다. 당신의 발전에 도움이 되는
  생각에 동조되는 시간을 가져보세요.
- 89: 당신은 자신의 참된 자아와 접촉하고 있습니다.

이런 접촉이 일어나는 동안 이 연결을 소중히
여기세요.
• I: 당신 안의 우주적 생명력이 당신의 의식과
  관심을 필요로 하고 있습니다.

정말 고무적인 메시지입니다. 이 책에 담긴 모든
메시지가 당신에게 영감을 주길 바랍니다. 책을 읽다
보면 서로 다른 내용도 많지만 비슷한 내용도 많다는
것을 알게 될 것입니다. 그 이유는, 일련의 숫자들이
비슷한 주제에 속한 여정들의 여러 다양한 측면들을
나타내기 때문입니다.
자신만의 어떤 여정을 쭉 나아가다 보면 다른 숫자가
눈에 들어올 수도 있습니다. 예를 들어 처음에는
332가 보이다가 334가 보이는 식이지요. 332의
메시지는 다음과 같습니다. "당신이 만족감을 느낄
수 있도록 당신의 관계가 성장의 국면에 접어들고
있습니다." 그리고 334의 메시지는 다음과 같습니다.
"영적 안내자와 천사들이 당신 주위를 돌며 신성한
사랑과 보호를 전하고 있습니다." 따라서 이 두 숫자는
행복을 향한 여정에서 당신이 진전을 이루고 있음을

보여줍니다.

천사들이 내게 알려준 키워드를 활용하여 어떤 숫자에
대한 당신만의 해석을 만들 수도 있습니다.

예를 들어 123이 반복적으로 눈에 띈다고 쳐봅시다.
아래의 내용을 참고하자면, 당신이 사랑과 동조되고
있으며 여정 속에서 발전해나가고 있다는 메시지로
이를 해석할 수도 있습니다. 반복적으로 눈에 띄는
숫자들을 나만의 방식으로 직접 해석해보세요.

0-9의 키워드

0. 새로운 시작. 문이 열리고 있음. 신.

1. 자아. 하나됨. 상위 자아. 우주적인 연결.

2. 결합. 타자와의 연결. 사랑과의 동조.

3. 확장. 상위 차원의 힘. 마스터.

4. 천사. 소통. 재능을 펼침.

5. 변화. 노력. 행동과 인풋input이 필요함.

6. 균형. 의도를 세울 필요가 있음. 신중함.

7. 마법. 현실 창조. 신성한 영감.

8. 여정. 성장. 영적 교훈.

9. 자기 완성(self-mastery). 상위 자아와의 결합. 신성한 여성성.

당신이 지금 손에 들고 있는 이 책은 오라클[*]로도 활용할 수 있습니다. 안내나 지원이 필요할 때마다 당신의 기도를 듣고 있는 천사들에게 이 책을 통해 메시지를 달라고 요청해보세요. 잠시 명상과 묵상을 하고, 심호흡을 몇 번 하면서 내적 중심을 잡은 후 다음과 같은 간단한 기도를 하기만 하면 됩니다.

"신, 성령 그리고 천사들이시여, 오늘 이 숫자와 이 책을 통해 저에게 중요한 메시지를 전해주심에 감사드립니다."

책을 무작위로 펼쳤을 때 가장 먼저 보이는 숫자가 당신에게 필요한 메시지임을 믿으세요.

* oracle. 해외에서는 타로 외에도 다양한 그림과 메시지가 적혀 있는 오라클 카드를 활용하여 점을 보거나 조언을 얻기도 한다. 역주.

지금 바로 시도해보는 건 어떤가요? 아니면 지금
디지털시계에 떠 있는 숫자를 확인한 뒤 그에 맞는
해석을 읽어보세요….

이번 장에서는 여기저기서 보이긴 하지만 주로
디지털시계에서 가장 많이 보이는 숫자에 담긴 천사의
메시지를 알아보겠습니다. (디지털시계의 숫자가 아닌
다른 숫자를 찾고 있다면 26쪽을 참조하여 천사의 메시지를
해석해보세요.)

더블 넘버와 트리플 넘버

디지털시계에 더블 넘버 혹은 트리플 넘버가
나타난다는 것은 천사들이 당신의 주의를 끌기 위해
'소리치고' 있다는 뜻입니다. 이러한 숫자는 현재
당신의 에너지적 진동수가 어떤지, 당신의 여정이
어떻게 전개되고 있는지를 나타냅니다.

00:00

당신이 성장에 필요한 단계들을 밟아나가는 동안
신이 당신을 지원해주고,
당신과 함께하고 있습니다.

01:01

신께서 당신 바로 옆에 계시며,
안전하고 지지받는 기분을 느낄 수 있게끔
당신을 돕고 계십니다.
당신이 의도하고 노력하는 바를
신께서 도와주고 계십니다.

02:02

당신이 가슴과 마음, 에너지를 열어
자신을 감싸고 있는 신과 천사들의 지원을
받아들일 수 있도록 이들이 인도하고 있습니다.

03:03

당신이 자신의 영혼을 더 깊이 이해할 수 있도록,
당신의 여정이 더 넓게 펼쳐질 수 있도록 돕기 위해
신과 상승 마스터들이 가까이 다가오고 있습니다.

04:04

신과 천사들이 당신의 진실, 당신의 재능
그리고 당신 자신을 이 세상에 내보일 수 있도록
돕고 있습니다.

05:05

신이 당신의 물질적, 경제적 필요에 관한
모든 것을 도와주고 있다는 것을 아세요.
구하세요.
그리하면 받을 것입니다.

06:06

신과 천사들이 에너지의 회복과 균형을 위해
삶 속에 여유를 만들라고 안내하고 있습니다.

07:07

당신이 마땅히 누려야 할 삶을 창조하고
경험할 힘을 얻을 수 있도록
신이 마법의 수호자들과 천사들로
당신을 감싸주고 있습니다.

08:08

당신이 신성한 계획과 동조될 수 있도록
신이 돕고 있다는 것을 믿으세요.
당신의 영혼이 성장하기 위해서는 무엇이 최선일지,
그리고 당신의 의도가 무엇인지까지도
신성한 계획 안에 모두 고려되어 있습니다.

09:09

당신 자신의 더 깊고 연약한 면을 드러내도록
신이 인도하고 있습니다.
이런 면들을 드러낸다면
당신 앞에 빛과 기적이 나타날 겁니다!

10:10

기적적인 일이 일어나기 직전입니다.
신과 천사가 하나이며,
지금 그들이 당신과 함께하고 있음을 믿으세요.

11:11

당신은 신, 천사, 상승 마스터와 하나입니다.
세상에 사랑을 가져다주기 위해서는
최고의 선(highest good)과 진실에
동조되는 생각을 해야 합니다.

12:12

당신에게는 세상을 치유하고,
세상에 밝은 빛을 비출 힘이 있습니다.
당신이 자신의 의도와 행동으로써
이미 그렇게 하고 있었다는 것을 의식해보세요.

13:13

가르침과 배움은 같은 것입니다.
당신의 현 상황에는 중요한 교훈이
많이 숨겨져 있습니다.
당신이 치유하고 있는 것들을 기록해두세요.
다른 사람도 그것을 치유할 수 있도록
가르치게 될 테니까요.

지금 천사들은 잊고 있었던 재능이나
과거의 어떤 일로 인해 자신감을 잃었던
당신의 어느 한 측면을 되살리도록 도와주면서
당신에게 강력한 지원을 해주고 있습니다.

15:15

현재 당신이 만들어가고 있는 변화가
당신의 성장에 꼭 필요한 것임을 알아두세요.
지금처럼 여유를 두는 행위가 곧
풍요를 창조하는 행위임을 믿으세요.

16:16

삶의 균형을 찾는 시간을 가져보세요.
더 나아가기 전에 잠시 속도를 늦추고
자신의 의도를 신중하게 검토해보는 것이 좋습니다.

17:17

당신은 신비로운 힘을 지닌 사람입니다!
그간 갖고 있었던 고민이 해결되고
장애물이 사라지고 있으므로,
당신의 꿈을 현실로 이룰 수 있습니다.

18:18

당신은 인생을 뒤바꿀 만한 여정에 나서고 있으며,
이러한 여정의 결과로
긍정적이고 풍요로운 경험을 하게 될 것입니다.
이 과정을 믿으세요.

19:19

당신은 자신의 내면과 당신 주변에 존재하는
신성한 여성 에너지에 연결되라는
안내를 받고 있습니다.
지금은 어머니/여성성에 관련한 치유가
일어날 수 있는 때입니다.

20:20

다른 사람들과의 관계를 돈독히 할 기회가 왔습니다.
용서와 자비의 에너지가
당신의 개인적인 관계와 직업적인 관계 모두를
감싸고 있습니다.

21:21

상대방이 곧 나라는 사실을 깨달으세요.
당신은 이 세상과 하나이며,
다른 사람에 대한 의도는
곧 나 자신에 대한 의도이기도 합니다.
생각을 업그레이드하세요.

22:22

당신에게는 세상을 밝힐 힘과 재능이 있습니다.
최고의 선(highest good)에 집중하세요.
당신은 반짝반짝 빛나기 위해 태어난 존재입니다.

23:23

더 발전하려는, 세상에 긍정적 힘이 되려는
당신의 노력이 결실을 맺고 있습니다.
천사들은 당신이 자신들과 같은 존재임을,
즉 당신이 지상에 있는 천사임을
알려주고 싶어합니다.

트리플 넘버

1:11

당신의 생각과 의도가 지금 증폭되고 있습니다.
당신이 두려워하는 것이 아닌,
사랑하는 것에만 집중하세요.

2:22

당신의 재능을 통해 당신이
더욱 성장할 기회가 만들어지고 있습니다.
여러 기회에 열린 마음을 가지고 있으면
당신의 목적을 이룰 수 있는 기회가 찾아올 겁니다.

3:33

과거의 모든 위대한 영적 스승들이
지금 당신을 인도하고 있습니다.
상승 마스터들이 당신의 재능을
계발할 수 있도록 돕고 있습니다.

4:44

당신의 수호천사들은 자신들이 당신과
함께하고 있다는 것을 알리고 싶어합니다.
당신의 기도가 큰 소리로 분명하게
전달되고 있습니다.
믿음을 가지세요.

5:55

당신의 모든 노력들이 지금 결실을 맺고 있습니다.
당신이 풍요로운 삶을 창조하고
그러한 삶을 살아갈 수 있도록 온 우주와 천사들이
도움을 주고 있다는 사실을 아세요.

미러 넘버

미러 넘버Mirror Numbers는 마치 가운데에 거울이 있는
듯한 일련의 숫자들을 말합니다. 미러 넘버에는 주로
현 상황을 돌아보고 자신의 성장에 도움이 되는
방향으로 나아갈 것을 촉구하는 메시지들이 담겨
있습니다.

12:21

당신은 다른 사람들을
지원하고 안내할 수 있는 사람입니다.
따라서 천사들은 당신이 지쳐서 나가떨어지지 않도록,
빛의 일꾼으로서의 여정 속에서 자기 돌봄을
소홀히 하지 않도록 당신을 상기시키는 중입니다.

13:31

배움과 성장의 기회를 알아차리기 위해서는
현 상황을 다시 살펴보는 것이 좋겠습니다.

14:41

천사들이 말을 걸고 있지만
당신은 그들의 말을 듣지 않고 있습니다.
천사들의 메시지는 항상 최고의 선(highest good)에
맞추어져 있다는 사실을 아는 것이 중요합니다.
설령 이런 메시지가 당신의 계획과
일치하지 않는 듯하더라도, 천사들이 언제나
신의 계획을 따르고 있음을 알아야 합니다.

15:51

천사들이 용기와 힘을 내라고
당신을 격려하고 있습니다.
당신의 목적과 풍요에 동조된 기분을 느끼기 위해서는
어떤 부분에 변화가 필요한지를
정확히 파악하는 것이 중요합니다.

1씩 높아지는 일련의 숫자들을 보았다면 당신이 점점
높이 올라가고 있다고, 앞으로 계속 나아가고 있다고
천사들이 확인시켜주고 있는 것입니다. 천사들은
당신이 성공적으로 진동수를 높임으로써 상승의
여정에 들어섰음을 알고 있습니다.

12:34

당신은 영적 사다리를 타고 올라가고 있습니다.
당신의 의도와 성장을 향한 당신의 발걸음을
천사들이 인정하고 있습니다.
당신이 격려와 지지를 받고 있음을 알아두세요.

1:23

당신은 한 단계 더 올라가고 있습니다.
이전에 경험했던 모든 문제들이
지금 해결되고 있습니다.
상승의 천사들이 당신과 함께하고 있습니다.

2:34

지금은 당신의 개인적인 관계가 성장하는 시기입니다.
전과는 완전히 다른 방식으로
사랑을 주고받을 수 있는 기회가 왔음을 알아두세요.
천사들이 당신 주변에서 춤을 추고 있습니다.

3:45

상승 마스터들이 당신의 영적 연결을 강화해주기 위해
당신, 그리고 당신의 영적 안내자들과
함께하고 있습니다.
자신의 느낌을 믿으세요.
그 느낌이 바로 기도에 대한 응답입니다.

4:56

천사들이 영적 성장을 위해 노력하고 있는
당신의 모습을 보며 매우 기뻐하고 있습니다.
이 시기에는 성장이 가속화되는 것을
느끼게 될 것입니다.

0

신이 곁에 있습니다.
당신은 절대 혼자가 아닙니다.

I

당신 안의 우주적 생명력이
당신의 의식과 관심을 필요로 하고 있습니다.

2

연결과 결합의 기회가 주어졌습니다.
관계의 성장이 임박해 있습니다.

3

당신은 지금 성장과 발전의 길에 들어서 있습니다.
완벽한 타이밍에 길이 펼쳐질 것입니다.

4

당신의 진실을 곧 당신의 스승으로 삼으세요.
당신의 모든 느낌을 신뢰하고,
기쁨이 당신을 이끌도록 하세요.

5

풍요는 마음의 상태입니다.
영적인 풍요를 느낀다면
당신의 물리적 삶도 이를 반영하게 됩니다.

6

당신의 기쁨을 가로막는 모든 것들을
놓아버리는 시간을 가져보세요.
당신의 가슴을 춤추게 하는 것들을 따르세요.

7

마법의 에너지가 당신을 감싸고 있습니다.
당신의 생각을 가장 지고한 것에 동조시키세요.

8

현재 어떤 사이클 혹은 패턴이 반복되고 있으며,
당신은 이를 통해 교훈을 얻을 수 있습니다.
성찰의 시간을 가져보세요.

9

신성의 에너지가 당신 안에서 깨어나고 있습니다.
당신의 영혼이 이끌어가도록 허용하세요.

10

당신은 자신의 에너지와
신의 에너지를 결합하고 있습니다.
당신이 보고 있는 사인들이 곧
신성과의 직접적인 소통이라는 것을 믿으세요.

11

당신은 확장의 상태에 있으며 자신의 참된 자아를
그 어느 때보다도 더 잘 알아가고 있습니다.
당신은 반짝반짝 빛나기 위해 태어난 존재입니다.

12

모든 관계는 당신에게 주어진 과제와도 같습니다.
당신은 지금 친구와 소속 집단을 찾고 있는 중이며
소울메이트들과의 관계를 알아가는 중입니다.

13

당신의 길에 있는 여러 단계들이
원래의 계획에 맞게 나타나고 있다는 것을,
그 단계들이 당신의 발전에
도움이 된다는 것을 믿으세요.

14

천사들이 시간을 내어
자신들의 말을 들어달라고 부추기는 중입니다.
기억하세요.
당신이 기꺼이 귀 기울일수록
천사들의 목소리도 더 크게 들립니다.

15

생각이 바뀌면 삶이 바뀝니다.
당신을 고양시키는 생각에
의식과 에너지를 동조시키세요.

16

당신은 한층 더 나은 선택을 내리고,
당신의 기쁨과 목적에 부합하는 경험을 하도록
안내받고 있습니다.
놓아버리고 앞으로 나아가세요.

17

한쪽 문이 닫히면 다른 쪽 문이 열립니다.
당신의 생각을 긍정적인 방향으로 이끌어주기 위해
천사들이 당신과 함께하고 있습니다.

18

당신의 현 상태와 교훈을 이해할 수 있도록
과거 경험을 세밀히 검토해보라고
천사들이 부추기고 있습니다.

19

강한 사람이 되어도 괜찮습니다.
당신은 현 상황에 대한 주인의식을 가지도록
하늘의 인도를 받고 있습니다.

20

성장과 발전을 향한 발걸음을 내딛고 있는 당신을
천사들이 축하해주고 있습니다.
당신은 자신의 영혼과 더 깊이 연결되었습니다.

21

당신은 우주와 정말로 강하게 연결되어 있으며,
수많은 영감과 안내를 받고 있습니다.
마음을 열고 이를 알아차리세요.

22

당신은 여정의 매우 중요한 시점에 와 있습니다.
당신은 인간관계와 영적 과제를 이해하는 데
도움이 될 이 시점을 통해 성장하게 될 것입니다.

23

당신은 지금 상승 마스터들의 인도를 받고 있습니다.
지금 당신이 가고 있는 길이
현재 상황에 딱 맞는 길임을 믿으세요.

24

천사들이 당신과 당신의 개인적인 관계에
화합의 빛을 비추고 있습니다.
모든 갈등이 해결되고 있습니다.

25

천사들은 당신이 '나의 모든 노력과 헌신은
결실을 볼 것이다'라고 믿기를 원합니다.
당신은 노력의 결실을 곧 맛보게 될 것입니다.

26

영혼을 고양시키는 사람들과
함께 있는 것이 중요합니다.
보잘것없는 사람이 된 것만 같은 기분을
느끼게 만드는 사람하고는 거리를 두세요.

27

당신의 기도가 하늘에 가닿았다는
사인들이 주어지고 있습니다.
신의 계획이 원활하게 펼쳐지고 있음을 믿으세요.

28

천사들이 세상의 빛이 되고자 하는
당신의 헌신을 알아보고
하이파이브를 하고 싶어합니다.
자신의 두려움을 대면한 것은 정말 잘한 일입니다.

29

강력한 여신의 에너지, 신성한 어머니의 에너지가
당신을 감싸고 있습니다.
당신은 사랑과 자비로 둘러싸여 있습니다.

30

당신이 여기 존재하는 데에는 다 이유가 있습니다.
당신의 행복에는 목적이 있음을,
당신의 행복이 곧
세상을 위한 봉사라는 것을 알아두세요.

31

성자들과 마스터들이 지금
당신의 기도와 의도에 따라
긴밀히 협력하고 있습니다.
그들이 당신을 돕기 위해
최선을 다하고 있음을 알아두세요.

32

천사와 영적 안내자들이
당신의 관계(나 자신과의 관계 및 다른 사람들과의 관계)를
돕고 있습니다.
필요할 때마다 그들에게 도움을 요청하세요.
그리고 그들에게 아무리 많은 도움을 청하더라도
절대 과하지 않다는 것을 알아두세요.

33

마스터 예수와 그의 천사들이
당신과 함께하고 있습니다.
지금은 성장과 치유를 위한 성스러운 시간입니다.

34

당신은 여정을 안내할 영감과 통찰력을 전해주는
우주적인 마스터들과 연결되고 있습니다.
자신의 느낌을 믿으세요.

35

천사와 영적 안내자들은 당신이 마음의 안정을
되찾는 데 필요한 모든 변화를
지원할 준비가 되어 있습니다.

36

직업적인 즐거움을 키우고 풍요의 수준을
높일 수 있는 기회가 지금 찾아왔습니다.
당신의 영적 안내자는 도울 준비가 되어 있습니다.

37

현실 창조의 마스터들이 당신을 둘러싸고 있으며,
당신이 항상 꿈꿔왔던 삶을
창조할 수 있도록 돕고 있습니다.

38

당신은 이번 생을 넘어선
여러 생의 기억들을 발견해내고 있습니다.
지금 당신의 영적 관심사는
전생의 경험에 영향을 받은 것입니다.

39

당신이 영혼의 목소리에 귀를 기울이는 것에 대해
당신 내면의 신성한 여성성이
큰 감사를 느끼고 있습니다.

40

신과 천사들이 지금 당신과 함께 있습니다.
아무 걱정 마세요.

41

천사들이 당신의 재능을 받아들이라고,
그리고 당신이 그러한 재능을
가질 자격이 있다는 것을 알라고 격려하고 있습니다.

42

천사들이 감정을 표현하라고
다정하게 안내하고 있습니다.
진실하고 정직해지세요.

43

천사, 먼저 하늘로 떠나버린 사랑하는 이들,
당신을 도와줄 수 있는 영적 안내자와 마스터들이
지금 당신과 함께 있습니다.
그저 생각하기만 해도
도움을 받을 수 있음을 알아두세요.

44

당신의 수호천사가 부드러운 보호의 망토로
당신을 감싸고 있습니다.
당신은 안전합니다.

45

미카엘 대천사와 다른 대천사들이 연대하여
당신 편에 서 있습니다.

46

대천사들이 지금 당신 주변에
변화의 에너지를 내려줌으로써
당신을 지원하고 있다는 것을 믿으세요.

47

현실 창조의 천사들이 당신의 에너지와 생각을
당신에게 가장 도움이 될 일에
동조시킬 수 있도록 도와주고 있습니다.

48

목적의 천사들이 지금 당신과 함께하고 있습니다.
당신을 환히 빛나게 하는 목적과 진실을
당신이 이해하고 따를 수 있도록
이들이 돕고 있습니다.

49

천사들이 지금 당신 안에서 일어나는 감정을
포용할 수 있도록 돕고 있습니다.
감정을 일종의 메신저라고 생각해보세요.

50

강한 풍요의 에너지가 지금 당신과 함께합니다.
넓게 생각하면서 풍요의 에너지에 집중하세요.

51

당신 안에는 장애물을 극복하는 데
필요한 모든 것이 다 들어 있습니다.
지금은 두려움을 직면하고 성장할 때입니다.

52

당신이 듣기 힘들어하는 말들이
당신을 확신과 이해로 이끌어줄 것입니다.
마음을 열고 진실을 들어보세요.

53

우주는 결코 당신에게 불리한 쪽으로
돌아가지 않습니다.
우주는 항상 당신에게 유리한 쪽으로 돌아갑니다.
당신 앞에 펼쳐지고 있는 신의 계획을 믿어보세요.

54

천사들이 그냥 내맡겨보라고 부추기고 있습니다.
그래야 당신이 앞으로 더 나아가도록
천사들이 도울 수 있으니까요.

55

당신의 경제적 상황에
중대한 변화가 일어나고 있습니다.
급등의 기회가 다가오고 있음을 알아두세요.

56

무언가를 받기 위해서는 내가 무엇을 줄 수 있는지
생각해볼 필요가 있습니다.
에너지는 언제나 교환이라는 방식으로 작용합니다.

57

믿음이 현실을 만듭니다.
당신이 원하는 것이 이미 당신의 손에 있다고,
그것이 이미 당신의 삶 속에 존재한다고
상상해보세요.

58

지금 문제들이 원활하게 해결되고 있습니다.
최악의 상황이 끝났다는 것을 알아두세요.

59

지금 중요한 영적 성장의 기회가 주어졌습니다.
치유의 정보에 마음을 열어보세요.

60

갑작스러운 변화를 일으키기 전에
속도를 늦추고 잠시 성찰의 시간을 가져보라고
천사들이 안내하고 있습니다.

61

천사들이 당신을 환히 빛내줄 프로젝트와 일들을 위해
에너지를 아껴두라고 제안하고 있습니다.
드라마에서 벗어나세요.

62

현재 당신과 문제를 겪고 있는
상대방의 관점을 살펴보는 시간을 가지세요.
문제가 있는 관계를 잘 풀어나가고 싶다면
화합의 천사들에게 도움을 요청하세요.

63

당신을 지치게 만드는 상황을 놓아버리면
성장과 기적이 일어날 여지가 생깁니다.
오래된 것을 놓아버리는 시간을 가지세요.

64

천사들이 당신과의 소통 채널을
더 강화할 수 있도록 묵상과 명상에
더 많은 시간을 쓰라고 촉구하고 있습니다.

65

당신의 재정 상태는 당신의 자존감을 반영합니다.
신께서는 당신을 축복받을 자격이 있는 사람,
조화로운 삶을 누릴 자격이 있는 사람으로
바라보고 계신다는 것을 알아두세요.

66

멈추세요. 갑작스러운 변화를 삼가세요.
천사들은 당신이 가고자 하는 다음 단계를
신중하게 결정하라고 제안하고 있습니다.

67

당신 삶 속의 에너지가 어디로 흐를지,
천사들의 도움이 어떤 쪽으로 향할지는
당신의 생각에 달려 있습니다.
당신의 발전에 도움이 되는 생각에
동조되는 시간을 가져보세요.

68

벽에 가로막혀 있는 듯한 기분이 들 수도 있습니다.
그러나 천사들이 더 장기적인 목표를 위해
당신의 경로를 바꾸고 있다는 것을 알아두세요.

69

감성(sensitivity)은 일종의 선물입니다.
당신 존재의 실재적이고 주요한 측면에
가까이 다가갈 수 있도록
당신의 감정이 돕고 있다는 것을 알아두세요.

70

우주의 에너지가 지금 당신을 감싸고 있습니다.
신은 당신의 의도가 현실로 창조될 수 있도록
그 의도가 더욱 명확해지기만을 기다리고 있습니다.

71

당신은 원하지 않는 것에 집중하는 대신
원하는 것을 분명히 하라는 제안을 받고 있습니다.
의도를 종이에 적고,
신이 그 의도를 도울 수 있도록 허용하세요.

외부 세계에서 더 큰 명확성을 경험하려면
나 자신 그리고 나의 내면세계와
다시 연결되는 것이 중요합니다.

지금 장애물이 사라지고 있습니다.
당신은 신비로운 힘과 동조되고 있습니다.

천사들은 당신이 세운 계획을
자신들과 공유하는 시간이 더 늘어나기를,
그리하여 당신을 더 잘 지원할 수 있기를 바랍니다.

당신의 의도가 현실로 창조되기 위해서는
변화의 에너지를 받아들일 준비가
되어 있어야 합니다.
새로운 시작이 임박해 있습니다.

두려움을 수용하는 시간을 가지세요.
두려움 때문에 괴롭다면
기적이 눈앞에 다가왔다는 것을 깨달으세요.

최고의 결과를 맞이할 준비를 하세요.
좋은 소식이 다가오고 있으며
긍정적인 변화가 나타나고 있습니다.

당신만의 개인적인 여정이
완벽하게 펼쳐지고 있습니다.
이 과정을 믿으세요.

당신의 상위 자아는
당신에게 도움이 될 정보를 알고 있습니다.
내면의 스승을 불러내세요.

당신은 변화를 일으키기 위해 여기 존재합니다.
당신의 경험은 우연이 아닙니다.
당신의 이야기를 신뢰하고 믿으세요.

81

천사들은 당신이 삶 속에서
반복되고 있는 이야기와 패턴들을 이해할 수 있도록,
그리하여 문제를 인지하고 극복할 수 있도록
도와주고 있습니다.

82

당신만의 여정을 떠날 기회가 왔습니다.
다른 사람의 의견이 당신의 꿈을
가로막지 않도록 하세요.

83

당신이 지금까지 저질렀던 모든 실수를
배움과 성장의 기회라고 생각하세요.
후회는 날려버리세요.

84

당신이 과거의 상황을 놓아주고
그 안에 담긴 교훈을 받아들이게끔 돕기 위해
용서의 천사들이 가까이 다가와 있습니다.

85

당신은 고통받기 위해 태어나지 않았습니다.
부정적인 결과를 예측하는 습관을 버리세요.

86

당신을 기운 빠지게 하거나 지치게 하는 것들에서
한 발짝 물러서는 것이
당신이 지금 배워야 할 교훈입니다.

87

당신은 스승이며, 경험을 통해 알게 된 것들을
다른 사람들에게도 알려줄 수 있습니다.

88

영적으로 더 중심 잡힌 삶을 향한 문이
열리고 있습니다.

89

당신은 자신의 참된 자아와 접촉하고 있습니다.
이런 접촉이 일어나는 동안
이 연결을 소중히 여기세요.

90

당신이 살면서 맺을 수 있는 최고의 관계는
자기 자신과의 관계입니다.
다른 사람에게는 "노"라고 말하고
자신에게는 "예스"라고 말하세요.

91

천사들이 내적 성장에 열중하는 당신을
자랑스러워합니다.

92

당신의 에너지가
즐겁고 재미있는 경험을 끌어오고 있습니다.

93

에너지 시스템을 업그레이드하기 위해
더 많은 시간 동안 명상하라고
당신의 상위 자아가 요청하고 있습니다.

94

지금 직관을 통해
천사들의 메시지가 전달되고 있습니다.
당신의 느낌을 믿으세요.

95

우주는 당신에게 어떤 단계가 필요한지
정확히 알고 있습니다.
경험에 저항하지 말고 순응하세요.

96

천천히 가면 기회의 문이 열릴 것이니
속도를 늦추라고 천사들이 격려하고 있습니다.

97

당신은 지금 모든 것을 끌어당기는
자석과도 같은 존재입니다.
당신의 에너지를 황금 같은 생각과 에너지에 동조시켜
황금 같은 기회를 끌어들이세요.

98

당신의 의도와 노력이
당신을 위한 새로운 길을 만들어내고 있습니다.

99

당신은 지금 깨달음의 순간을 경험하고 있습니다.
지금 당신 안에 흘러들어오는 모든 것을
기록해두세요.

100

당신이 쏟고 있는 모든 노력을
천사들이 기뻐하고 있습니다.
당신은 지구상의 특별한 빛입니다.

101

신은 당신 안에 있으며,
당신의 모든 기도와 의도를 귀 기울여 듣고 있습니다.

102

나 자신과의 관계가 돈독해질수록
신, 천사 그리고 타인과의 관계도
더 돈독해진다는 것을 알아가는 시간을 가지세요.

103

신이 당신을 신성하고 훌륭한
빛의 자녀로 바라보고 있다는 것을 알아두세요.

104

신과 천사들이 모든 순간 당신과 함께합니다.
도움이 필요할 때마다 그들에게 도움을 청하세요.
외로움을 느낄 필요가 없습니다.

105

당신의 경제적 상황을 돕기 위해
신과 천사들이 지금 당신과 함께하고 있습니다.
기적이 일어날 수 있도록 허용하세요.

106

앞으로 더 나아가기 위해서는
당신을 과거의 상황에 묶어두고 있는
모든 것들을 끊어내야 합니다.

107

당신의 생각과 의도가
당신 앞에 현실로 펼쳐지고 있습니다.
믿으세요. 그리하면 받을 것입니다.

108

당신은 내면으로 들어가는 여정 중에 있습니다.
당신이 찾고 있는 모든 답은 당신 안에 있습니다.

109

신성이 당신 안에 있다는 것을 아세요.
천사들이 당신의 신성에 집중하고 있습니다.

110

당신은 신과 천사들의 영감과 인도를 받고 있습니다.

111

당신은 모두와 하나입니다.
당신이 행하고 베푸는 모든 것이
이 세상과 세상의 모든 존재들을 위한 것임을
알아두세요.

112

당신은 현재의 모든 관계 배후에 있는
더 높은 목적을 보라는 재촉을 받고 있습니다.

113

상승 마스터, 성인, 상위 차원의 스승들이
지금 당신과 함께하고 있으며
당신이 믿음으로 이 인생 여정을 나아갈 수 있도록
돕고 있습니다.

114

천사들은 당신이 지상의 천사로
내려와준 것에 대해 감사하고 있습니다.
당신은 정말로 치유에 재능이 있습니다.

115

당신의 생각이 지금 급격히 현실화되고 있습니다.
따라서 당신의 발전에 도움이 될 생각들과
동조되는 것이 중요합니다.

116

선택을 하고 앞으로 나아가기에 앞서
고정관념에서 벗어나 생각하는 것,
현 상황을 넘어서는 것이 중요합니다.

117

천사들은 당신이 의도를 분명히 하기를
기다리고 있습니다.
원하는 것이 무엇인지 명확히 하세요.

118

성장하기 위해서는 결과에 대한
집착을 놓아버려야 합니다.
특히 그 일이 다른 사람과
연관된 것이라면 더욱 그렇습니다.
다시 나 자신의 길에만
에너지를 집중하는 시간을 가지세요.

119

당신은 스스로의 힘을 발휘하여
상황을 주도하라는 촉구를 받고 있습니다.
당신이 다음으로 뭘 할지를
다른 사람들이 결정하도록 내버려두지 마세요.

120

천사들은 최선을 다하려는,
최선의 모습이 되고자 하는
당신의 의도를 잘 알고 있습니다.
천사들이 당신에게 다정한 격려를 보내며
힘을 주고 있다는 것을 알아두세요.

121

우주는 바로 여기, 당신과 함께 있습니다.
지금 당신이 그 어느 때보다도 더
우주와 강하게 연결되어 있다는 사실을 알아두세요.

122

현재 당신은 여정의 중대한 단계에 와 있습니다.
마음 챙김과 현존에 집중하는 것이 중요합니다.

123

당신은 한 단계 올라가고 있습니다.
이전에 경험했던 모든 문제들이
지금 해결되고 있습니다.
상승의 천사들이 당신과 함께하고 있습니다.

124

천사들이 '나보다 더 영적인 누군가' 혹은
'나보다 더 영적 교감이 잘 되는 누군가'에 대해서는
생각할 필요 없다고 상기시켜주고 있습니다.
자신의 신성을 되찾으세요.

125

당신은 언제나 자신의 지식과 경험 내에서
최선을 다해 모든 일을 처리해왔습니다.
천사들이 이를 알라며 당신을 격려하고 있습니다.

126

일에 차질이 생기거나 무언가가 '잘못되고' 있다면,
신에게 당신을 위한
더 나은 계획이 있다는 것을 믿으세요.

127

당신이 보고 있는 사인들은
당신이 올바른 길을 가고 있으며,
그 길이 빛의 길이라는 것을 알려주기 위한
사인들입니다.

128

당신은 지금 높이 날아오르고 있습니다.
사랑과 풍요의 경험을 향해 날아오를 때,
천사들도 당신을 안아주기 위해
거기서 함께하고 있다는 것을 알아두세요.

129

신성한 어머니가 다정한 보살핌의 빛으로
당신과 함께하고 있습니다.
당신이 헤아릴 수조차 없을 만큼
사랑받고 있다는 것을 알아두세요.

130

목적이 있는 인생을 살겠다고,
나 자신과 나의 성장에 도움이 될 만한
조치를 취하겠다고 선택하세요.

131

성자들과 신성한 마스터들이
지금 당신과 함께하고 있습니다.
그들은 세상이 치유되고 빛으로 감싸이도록 도울
진정한 능력이 당신에게 있음을 알고 있습니다.

132

지금 천사들은 자신의 에너지와 연결되고,
몸에 귀를 기울이는 시간을 가지라고
촉구하고 있습니다.
알아내야 할 메시지가 있습니다.

133

예수님과 신성한 마스터들이
지금 당신을 인도하고 있습니다.
어둠에 빛이 비치고 있으니
기적을 기대해볼 때입니다.

134

치유의 천사들이 당신 주위에 모여 있습니다.
이들이 한 걸음 더 앞으로 나아가게 할 정보를
당신에게 안내해줄 것입니다.

135

당신은 지금 일어나고 있는 변화를 통해
처음에 세웠던 의도와 목표에
더 가까이 다가가고 있습니다.
이를 믿으세요.

136

새로운 기회와 함께
당신의 커리어 또는 목적이 나타나고 있습니다.
당신의 행복을 위한 최고의 선택 배후에는
언제나 신과 천사들이 있다는 것을 알아두세요.

137

당신에게는 현실 창조 에너지가 있으며,
그 에너지가 지금 당신과 함께하고 있습니다.
당신에게 필요한 것이 이미 당신에게,
그리고 당신 안에 존재한다는 것을 믿으세요.

138

천사들과 영적 안내자들이
더욱 충만한 미래를 현실로 창조할 수 있도록
과거를 용서하고 놓아버리라고 격려하고 있습니다.

139

이 시기에는 강인한 여성들을
당신 주변에 가까이 두는 것이 중요합니다.
현 상황에 필요한 답은 신성한 여성성입니다.

140

당신은 신 그리고 천사들과 하나입니다.
힘내세요.

141

지금 대천사들이
당신을 보호하고 지켜주고 있습니다.

142

수호천사가 사랑과 수용을 전하며
당신 주위를 맴돌고 있습니다.
당신은 사랑받고 있습니다.
당신은 받아들여졌습니다.

143

당신은 여러 생 동안
당신의 수호천사를 알고 지내왔습니다.
명상을 하면서 자신의 영혼에게 도움이 될 기억을
드러내달라고 부탁해보세요.

144

10만 명의 천사들이
빛과 사랑으로 당신을 감싸고 있습니다.

145

대천사들이 자신들의 메시지를 받고 싶다면
마음을 열라고, 당신의 재능을 되찾으라고
촉구하고 있습니다.

146

당신은 전환기에 들어서 있습니다.
천사들이 그 과정을 안내하고 있다는 것을
알아두세요.

147

당신의 꿈이 현실로 이루어질 수 있도록
천사들이 돕고 있습니다.
당신의 의도를 분명히 하고
가슴을 열어 받아들이세요.

148

천사들은 당신이 기적이 가능하다고 믿을 때만
기적을 경험하도록 도울 수 있습니다.
기적이 가능하다는 것을 믿으세요.
그리고 그러한 기적이
당신을 위해 일어난다는 것을 알아두세요.

149

감정은 당신 존재의 일부입니다.
감정과의 연결이 성장에 도움이 될 것입니다.

150

큰 기회가 다가오고 있습니다.
이러한 기회는 당신에게
신나는 기분을 안겨주는 동시에
안정감을 가져다줄 것입니다.

151

당신의 자신감이 커지고 있습니다.
이러한 자신감 덕분에 당신의 재능이
수면 위로 드러날 것입니다.
자기 자신을 계속 믿으세요.

152

문제의 배후에 있는
더 높은 목적을 숙고하는 시간을 가지면
두려움 없이 앞으로 나아갈 수 있습니다.

153

우주에 대한 신뢰가 커지면
우주가 문제에 대한 기적적인 해결책을
알려줄 수 있습니다.
계속 믿으세요.

154

내면의 목소리를 신뢰하세요.
지금 그 목소리가 당신에게
천사의 영감을 받은 지혜를 전해주고 있습니다.

155

당신은 현실 창조의 마스터입니다.
당신의 비전이 현실이 되고 있습니다.

156

타인이 부과한 한계와 부정적인 패턴들을
뛰어넘으세요.
당신의 선량한 마음과 베풀 수 있는 능력을
의심하지 마세요.
당신은 친절합니다.
왜냐하면 그게 바로 진정한 당신이기 때문입니다.

157

힘든 과거를 떠올리게 만드는 일이 생겼다면
과거를 놓아주고 더욱 성장할 때가 된 것입니다.
내맡기고 놓아버리세요.

158

우주는 당신의 의도와 목표에
더 부합하는 길로 당신을 안내하고 있습니다.
다가오는 변화를 받아들이세요.

159

천사들이 여정의 더 깊은 측면들을 발견하는 데
도움이 될 정보와 사람들 쪽으로
당신을 안내하고 있습니다.
새로운 길에 마음을 열어보세요.

160

당신이 귀를 기울일수록
신의 목소리도 더 커집니다.
신의 목소리를 깊이… 더 깊이 들을 수 있도록
할 수 있는 모든 것을 다 하세요.

161

모든 어둠을 종식할 빛이
지금 당신 안에서 환하게 빛나고 있습니다.
당신은 빛입니다.

162

천사들이 현 상황에서 당신만이라도
마음의 평화를 유지하라고 안내하고 있습니다.
집단에 빛을 비추는 사람이 되세요.

163

사랑에 가슴을 열고 그 사랑을 받아들이세요.

164

당신이 더 높은 관점에서 상황을 볼 수 있도록
천사들이 도와주고 있습니다.

165

당신은 새로운 가능성에 열린 마음을 가질 수 있도록
인도받고 있습니다.

166

지금의 선택지는 재고해보는 것이 좋겠습니다.
천사들이 최고의 선(highest good)에 맞춰
의도를 다시 세워보라고 안내하고 있습니다.

167

당신이 행한 자기 돌봄과 사랑의 행동 덕분에
당신의 세상에
더 많은 사랑과 축복이 들어오고 있습니다.

168

당신의 천사 팀이 한꺼번에 너무 여러 가지 일을
벌이지 말라고 제안하고 있습니다.
바람직한 결과를 얻고 싶다면
주의를 분산시키지 말고 의도를 간소화하세요.

169

지금은 자신의 감정과 소통하고
그 감정을 존중하는 시간을 갖는 것이 중요합니다.
천사들은 당신을 사랑합니다.

170

당신은 지금 강력한 자성을 띠고 있습니다.
기회를 만들어내려면 성실하게 계획에만 집중하세요.

171

천사들이 기도의 힘을 상기시켜주고 있습니다.
기도가 기적을 일으킬 수 있음을 알아두세요.

172

천사들과 당신 자신의 에너지가
누구를 신뢰해도 좋은지 알려주고 있으며,
그들과 연결될 수 있도록 도와주고 있습니다.

173

당신이 기적을 경험할 자격이 있음을
기억할 수 있도록
천사들이 곁에서 도움을 주고 있습니다.

174

천사들이 자신의 힘을 되찾아
현 상황을 주도하라고 재촉하고 있습니다.

175

지금 겪고 있는 변화는
당신의 의지에 따라 일어나고 있습니다.
우주가 당신의 의지에 맞춰
당신이 밟아가고 있는 단계들을
조정하고 있음을 믿으세요.

176

현재 당신의 의도가 명확하지 않기 때문에
우주가 의도를 명확히 하라고 촉구하고 있습니다.
신과의 대화를 시작하세요.

당신의 의도가 명확하게,
큰 소리로 하늘에 전해지고 있습니다.
신이 당신을 인도하고 있습니다.

재능을 발휘할 수 있는
완벽한 기회로 인도받고 있음을 믿으세요.

당신의 심령적 능력과 인식이
빠르게 계발되고 있습니다.
주기적으로 명상을 하면서
이러한 재능을 계발해보세요.

180

우연히 일어나는 일은 없습니다.
이곳에서의 내 삶이 더 고차적인
어떤 목적을 위한 것임을 알아두세요.

181

당신은 과거의 문제 상황을
그저 과거의 일로만 남겨두라는
제안을 받고 있습니다.
그래야만 기적을 받아들일 준비가 되기 때문입니다.

182

다른 사람들의 문제, 실수, 나쁜 행동들은
그저 놓아버리라고 천사들이 촉구하고 있습니다.
당신은 이런 것들로부터 자유로워질 자격이 있습니다.

183

당신이 삶을 돌아볼 수 있도록 돕기 위해,
성장의 여정에서 정말로 먼 길을
지금까지 걸어왔음을 격려하기 위해
천사와 영적 안내자들이 당신과 함께하고 있습니다.

184

용서는 스스로에게 주는 선물입니다.
당신이 과거로부터 자유로워질
자격이 있는 사람이라는 것을 아세요.

185

천사들이 당신을 사랑한다는 사실을
알려주고 싶어합니다.

186

인생의 큰 결정을 내리기 전에
현 상황을 검토하는 시간을 가지세요.
인내심과 집중이 필요합니다.

187

당신이 그간 경험하고 배운 것들은
진정한 나 자신이 누구인지,
내게 어떤 재능이 있는지를 알게 해주는
선물과도 같습니다.
당신이 특별한 영혼이라는 것을
인정하는 시간을 가지세요.

188

당신은 지금 자신의 의식 그리고 우주와
하나가 되었습니다.
당신의 재능, 꿈, 목표는 당신과 하나입니다.
믿음을 가지세요.

189

제3의 눈이 열리고 있으며
당신의 영적 시야가 선명해지고 있습니다.
영혼의 눈을 통해 보세요.

190

나 자신이라는 집으로 돌아가세요.
가슴의 동굴로 들어가세요.
수호천사가 거기서 당신의 무조건적인 사랑을
기다리고 있습니다.

191

당신이 지금 받고 있는 메시지는
상상의 산물이 아닙니다.
천사들이 당신을 향해 크고 또렷하게
그 메시지를 외치고 있습니다.

192

당신은 지금 이 순간에 더 현존한 상태로
인간관계를 맺으라는 촉구를 받고 있습니다.
당신이 사랑하는 사람들에게는
당신의 관심이 필요합니다.

193

당신의 영혼은 현 상황을 통해
결과적으로 성장하고 있습니다.
모든 경험을 흡수하듯 받아들이세요.
천사들이 당신을 지지하고 돌봐주기 위해
곁에 있음을 알아두세요.

194

당신의 목적의식을 높일 수 있는 기회가 왔다는 것을
천사들이 알려주고 싶어합니다.
새로운 아이디어에 마음을 여세요.

195

재능이 계발되려면 많은 관심이 필요합니다.
내면을 깊이 들여다보면서
자기 자신과 자신의 재능에 대해
알아가는 시간을 가져보세요.

196

처음의 의도로 돌아간다면
우주에서의 당신의 현 위치를 이해하게 될 것입니다.

197

고상함은 영의 특성입니다.
고상한 말과 행동을 하고 고상한 의도를 세우라고
천사들이 재촉하고 있습니다.

198

지금 당신은 중대한 영혼의 교훈을 배우고 있습니다.
반복되는 패턴을 넘어설 수 있도록
인도해달라고 기도하는 것이 중요합니다.

199

가슴의 동굴에 오신 것을 환영합니다.
당신은 당신 존재의 중심에 다다랐습니다.

200

당신은 많은 이들의 가슴을 변화시키기 위해
여기 존재합니다.
당신은 이 세상에서
하나의 선물과도 같은 존재입니다.
신은 당신 편입니다.

201

자신 안의 빛을 믿어주어 고맙습니다.
당신이 자신의 신성을 알아보자
천사들도 기뻐하고 있습니다.

202

당신이 자기 자신을 더 깊이 알아갈 수 있도록
신이 인도하고 있습니다.

203

성장을 위한 당신의 노력이
주변 사람들에게 영감을 주고 있으며,
그들의 진동수를 같이 끌어올려주고 있습니다.

204

당신은 진실을 말하고 사랑을 나누기 위해
여기 존재합니다.
당신이 어디에 있든
언제나 신이 함께하신다는 것을 아세요.

205

가장 원대한 꿈과 하나가 된 자신을 본다면
그 꿈이 삶 속에서 우아하게 펼쳐질 수 있습니다.

206

당신의 의도가 다른 사람의 자유의지에
영향을 미치거나 훼방을 놓지 않도록 하세요.

207

당신에게 필요한 마법은 당신 안에 있습니다.

208

앞으로 더 나아가고 성장하기 위해서는
진실을 직면해야 합니다.
자기 자신을 진지하게 대면해보세요.

209

당신은 자신의 존재로 세상을 빛내기 위해
여기 존재합니다.
당신은 세상의 한구석을 밝히고 있습니다.

210

신과 천사들이 내면의 진실로 돌아온 당신을
환영하고 있습니다.
당신은 당신에게 맞는 길로 다시 연결되고 있습니다.

211

지금 당신은 고금의 위인들과 동조된
강력한 상태에 있습니다.
당신의 꿈과 최고의 선(highest good)에 집중하세요.

212

지금은 자신이 진정 어떤 사람인지,
내 주변 사람들, 궁극적으로는
이 세상에 어떤 것을 주고 싶은지
생각해볼 수 있는 중요한 시간입니다.

213

두려워하지 마세요.
어딘가에 가로막힌 듯한 이 느낌은
우주가 당신을 돕기 위해 움직이는 과정에서
잠시 떠오르는 감정일 뿐입니다.
이 과정을 신뢰하세요.

당신과 천사들 사이의 관계가
그 어느 때보다도 더 돈독합니다.

당신은 두려움을 극복할 수 있는 상태에 있습니다.
믿음을 가지세요.
현재의 상황은 위로 올라가기 위해
겪어야 하는 과정일 뿐입니다!

천사들이 가장 신성하고 사랑스러운 눈길로
자기 자신을 바라보라고 촉구하고 있습니다.
당신의 내적·외적 아름다움을 느껴보세요.

당신은 주변 사람들의 에너지가
당신의 진동수에 영향을 준다는 사실을
상기하도록 인도받고 있습니다.
이를 고려하면서 누구와 관계를 맺을지를
잘 선택하세요.

당신은 믿음의 도약을 하라는,
당신을 기쁘고 신나게 만드는 것을
믿으라는 격려를 받고 있습니다!

다른 사람들과 맺는 인간관계에는
당신의 평온하면서도 다정한 리더십이
필요하다는 것을 알아두세요.
성장을 향한 당신의 의지에 관해
얘기하는 시간을 가져보세요.

220

자기 자신을 다정히 대하는 것은
곧 세상을 다정히 대하는 것과 같습니다.

221

당신은 인생의 가장 어두운 면을 직시하라는
천사들의 인도를 받고 있습니다.
이는 현 상황과 세상에
더 많은 빛을 비추기 위해서입니다.

222

당신은 지상의 천사처럼 주변 모든 사람들의
가슴을 고양시킬 수 있는 능력이 있습니다.
당신은 반짝반짝 빛나기 위해 태어난 존재입니다.

223

상승 마스터, 영적 안내자, 천사들 모두가
더 나아가기 전에 스스로에게 솔직해지라고
촉구하고 있습니다.

224

천사들이 당신을 인도하고 있습니다.
지금 조화의 에너지가
전해지고 있다는 것을 믿으세요.

225

당신은 변화의 주역입니다.
당신이 최근에 행했던 행동은
신성한 계획에 따른 것이었습니다.
모든 것이 완벽한 시공간의 순서대로
전개되고 있습니다.

관계에서 부족하다고 느껴지는 것이
무엇이든 간에, 당신이 그것을 관계 안으로
가져올 수 있다는 사실을 기억하세요.
문제에 집중하지 말고 해결책에 집중하세요.

신과 천사들이 당신의 기도를 듣고
현 상황에 관련된 모든 이들에게 최선이 될 수 있는
해결책을 전하기 위해 노력하고 있습니다.

당신의 여정과 경험들이
당신의 기도와 의도에 의해 펼쳐진다는 것을
우주가 상기시켜주고 있습니다.
원하는 결과를 체험하기 위해서는
그것에 집중해야 합니다.

229

신성이 당신의 생각, 선택, 의도를
최고의 선(highest good)에 동조시키라고
촉구하고 있습니다.
이렇게 하면 당신의 목적과 풍요에 동조된
경험을 할 수 있습니다.

230

당신의 목적은 행복해지는 것입니다.
천사들이 당신의 가슴을 노래하게 만드는 일을 하라고
재촉하고 있습니다.

231

일 보 후퇴한 것처럼 느껴질 수 있습니다.
하지만 이러한 일은 당신의 최고의 선(highest good)을
위해 함께 일하는 천사 팀에 의해
세밀히 계획된 것입니다.
이 과정을 믿으세요.

232

당신은 진실을 보고 있습니다.
진실을 믿고 그에 따라 행동하라고
천사들이 재촉하고 있습니다.

233

당신의 최고선(highest good)으로
이어질 일들을 행하는 것을 돕기 위해
상승 마스터들, 특히 예수님이
지금 당신과 함께 있습니다.
필요한 모든 도움을 요청하세요.

234

당신은 위로 올라가고 있습니다.
성장을 향한 당신의 노력을
우주가 자랑스럽게 여기고 있습니다.

당신에게 더 큰 만족감과 평화를 가져다줄
변화가 일어나고 있습니다.

당신은 마음껏 즐기면서 기쁘게 살기 위해
여기 존재합니다.
당신의 삶에 긍정적인 에너지가 높아질 수 있도록
천사들이 이완하고 놓아버리라고 재촉하고 있습니다.

당신의 꿈이 눈앞에서
빠른 속도로 실현되고 있습니다.
애정 어린 집중과 의도를 계속 유지하세요.

238

당신은 이전에도 이 지점에 이른 적이 있었으며
많은 생애 동안 영과의 연결을 추구해왔습니다.
지금 당신은 힘과 빛의 등대로서 여기 존재합니다.

239

여신, 성녀, 여성 마스터의 모습을 한
신성한 여성성은 당신이 존재의 가장 깊은 측면과
다시 연결될 수 있도록 돕고 있습니다.
진실은 밖이 아니라 안에 있습니다.

240

지금 이 순간 신과 천사들이
당신과 함께하고 있다는 사실을 알아두세요.
변화에 열린 마음을 가지세요.

241

당신이 재능을 되찾을 수 있도록
천사들이 인도하고 있습니다.
자기 비하를 멈추고 자신의 재능을 인정하세요.

242

천사들은 무조건적인 사랑의 눈으로 당신을 봅니다.
당신이 헤아릴 수조차 없을 만큼
큰 사랑을 받고 있음을 알아두세요.

243

기운이 없더라도 불안해하지 마세요.
당신은 진동수를 더 높이기 위해
에너지를 처리하는 중입니다.

244

천사들이 당신을 다음 단계로 데려가고 있습니다.
보람을 느낄 때입니다!

245

당신을 앞으로 나아가지 못하게 붙잡고 있는 것들을
끊어낼 수 있도록 대천사들이
함께하며 도와주고 있습니다.
과거는 이제 훌훌 털어버리세요.

246

지금 당신의 삶과 에너지를
부드럽게 균형 잡을 수 있는 기회가 왔습니다.
이를 위해서는 노력이 좀 필요하긴 하지만
꿋꿋이 견뎌내세요.

우주적인 관문.
당신의 생각은 자성을 띠고 있으며 매우 강력합니다.
지금 일어나고 있는 변화를 신뢰하세요.
이 변화가 곧 기적입니다.

당신은 인생길의 중추적인 시점에 와 있습니다.
당신의 목적에 한 걸음 더 다가갈 수 있는
기회가 지금 당신에게 주어지고 있습니다.

천사들이 당신의 영을 불러일으키라고
인도하고 있습니다.
당신의 가장 신성하고 진실한 자아를 표현하세요.

250

자신의 길을 향한 헌신과 변화를 위한
당신의 노력들은 보상을 받을 것입니다.

251

천사들이 내면에서 일어나는 안내,
즉 신성의 인도하심을 믿으라고 촉구하고 있습니다.

252

당신은 자기 자신과의 관계가
다른 사람들과의 관계에
충실하게 반영될 수 있는 시점에 와 있습니다.

253

때로는 잃어버렸던 자신의 일부분을 되찾을 때
최고의 풍요가 발견되곤 합니다.
나 자신이라는 집으로 돌아온 것을 환영합니다.

254

현 상황에 대한 자신의 감정을 소통할 수 있을 만큼
충분히 스스로를 사랑하라고
천사들이 격려하고 있습니다.

255

풍요와 기회의 문이 활짝 열리고 있습니다.
이제 스포트라이트를 받으며 빛을 발할 때입니다.

256

받기 위해서는
베풀고 나눌 준비가 되어 있어야 합니다.
제한적이고 결핍된 사고방식에서 벗어나세요.

257

당신은 신성 그리고 모든 것과 하나이므로
당신이 추구하는 모든 것은
이미 당신과 하나라는 것을 기억하세요.

258

'나'를 가장 기쁘게 만드는 선택을 하면
애쓰지 않아도 길이 펼쳐질 것입니다.

259

당신은 신성의 인도를 받고 있으며
당신이 받고 있는 영감은 진짜입니다.

260

시간을 내어 가족과 사랑하는 이들의
곁에 있어주세요.
그들은 당신을 필요로 합니다.

261

지금 연인이 당신을 필요로 하므로
연인의 곁에 함께 있어주는 것이 중요합니다.

262

당신은 자기 자신 그리고 다른 사람들과의 관계에서
솔직해지라는 촉구를 받고 있습니다.

263

신과 천사들이 당신의 귀환을 환영하고 있습니다.
이전에는 잠시 길을 잃고 방황했을 수도 있지만,
지금 당신은 다시 자신의 길을 확실히 찾았습니다.

264

천사들이 좀더 인간미 있게 살아도 괜찮다고
상기시켜주고 있습니다.
그들은 당신을 있는 그대로 사랑하며,
어떤 모습의 당신이든 사랑합니다.

265

당신은 다른 사람들을 다정히 대할 때처럼
자기 자신도 다정히 대해주라는
안내를 받고 있습니다.

266

자기 자신에게 다정한 말들을 해주세요.
신이 언제나 당신의 말을 듣고 있습니다.

267

가슴과 에너지를 열어 풍요로움을 경험하세요.

268

지금 걷고 있는 여정의 이 지점에서
만족감을 느껴보세요.
'지금 여기'라는 축복을 누려보세요.

269

이 상황의 핵심에 연결되면
당신이 바랐던 해결책이 부드럽게 나타날 것입니다.
가장 높은 존재 상태에서 행동하고
반응하겠다고 선택하세요.

270

신은 여기 존재하며, 당신에게 주기를 원하십니다.
자신이 이 신성한 사랑을
받을 자격이 있음을 믿으세요.

271

길의 다음 단계는 당신에게 달려 있습니다.
이 길이 어디로 향하면 좋겠는지
가슴속에서 명확하게 정해두세요.

272

당신의 가슴, 그리고 당신이 사랑하는 모든 것과
다시 연결되는 것이 지금 이 순간
풍요와 현실 창조의 열쇠입니다.
이러한 연결이 당신을 가장 높은 진동수로
고양시켜줄 것입니다.

당신은 일체의 상태로 돌아가기 위해
내면의 불과 내적 힘에 연결되도록
인도받고 있습니다.

천사들은 최고의 응원단이며
이 길의 모든 단계마다 당신과 함께합니다.
높이 날아올라 모든 드라마를 넘어서세요.

지금 당신이 겪고 있는 변화는
당신의 의도가 현실화될 때 거쳐야 할
꼭 필요한 단계입니다. 믿으세요.

276

자신이 결코 혼자가 아니라는 사실을 기억할 때
당신은 힘을 얻게 될 것입니다.
신은 언제나 당신과 함께하며 당신 안에 계십니다.

277

우주가 당신과 함께합니다.
높이 날아올라 당신 내면의 힘을 발휘하세요.

278

당신의 삶은 원대하게 운명 지어져 있습니다.
자신의 목적에 계속 집중하세요.

279

높이 날아오르기 위해서는
지금 겪고 있는 문제를 딛고 일어서야 합니다.
지금은 납을 금으로 바꿀 때입니다.

280

당신 앞에 펼쳐진 길을 믿으세요.
모든 일이 계획대로 이루어지고 있습니다.

281

당신의 삶이 당신 손에 달려 있다는 사실을
천사들이 상기시켜주고 있습니다.
자신의 힘을 되찾으세요.

282

자기 의사를 명확하게 표현하는 태도와
진실한 자기 자신을 표현하는 능력에 관한
큰 교훈이 당신 앞에 펼쳐지고 있습니다.
자신의 목소리를 내세요.

283

당신은 배려와 자비의 마음으로 나아가도록
인도받고 있습니다.
사랑이 되겠다고 선택하세요.

284

천사들이 옳은 일을 하도록 재촉하고 있습니다.
봉사를 행하세요.
이러한 봉사로 인해 당신도 자신의 길에 대한
봉사를 받게 되리라는 것을 알아두세요.

285

천사들이 내면의 지혜를 믿으라고 부추기고 있습니다.
당신이 아는 바를 믿으세요.
당신은 답을 알고 있습니다.

286

천사들이 재충전을 위해
잠시 리트릿retreat을 떠나라고
제안하고 있습니다. 신성한 치유 에너지가
당신을 감싸고 있습니다.

287

당신은 빛과 사랑, 용서의 길을 걷고 있습니다.
두려움 없이 진실을 마주하고
사랑 가득한 마음으로 미래를 창조하세요.

288

당신 주변의 모든 곳에서 마법이 일어나고 있습니다.
당신의 꿈과 비전이 현실이 되고 있음을 믿으세요.

289

당신의 진실을 되찾으세요.
진정한 당신을 되찾으세요.
당신은 높이 날아오르기 위해 여기 존재합니다.

290

일을 진두지휘하는 사람이 되세요.
몸소 모범을 보임으로써 사람들을 이끌어가세요.
신이 당신과 함께 걷고 있습니다.

291

천사들과 성령이 당신과 함께합니다.
오직 사랑만이 실재한다는 것을 기억하세요.

292

기적이 눈앞에서 펼쳐지고 있습니다.
인식의 전환을 준비하고,
뒤바뀐 현실을 받아들일 준비를 하세요.

293

당신은 이제 자신의 한계를 넘어
지원과 지지를 받을 수 있는 상황으로
나아가고 있습니다.
당신은 신성한 힘에 의해 보호받고 있습니다.

294

천사들이 당신의 가슴속 공간에서
다정하게 속삭이며 당신을 안내하고 있습니다.
내면으로 들어가서 이를 귀 기울여 들어보고
그들의 사랑에 연결되세요.

295

신성으로부터 다운로드받은 정보가
당신 안에 잠들어 있습니다.
이 길을 더 나아가기 위해서는
이 정보를 열어야 합니다.

296

사랑은 당신의 것입니다.
당신의 신성한 가치를 인정하세요.
사랑의 눈으로 자기 자신을
바라보는 것부터 시작하세요.

297

당신의 의도에 집중하세요.
그리고 하늘의 힘을 믿으세요.
당신은 천사 집단의 지원을 받고 있습니다.

298

힘내세요.
목적에 집중하면 길이 당신 앞에 펼쳐질 것입니다.
당신은 박해에 대한 두려움을
극복하기 위한 경험을 하는 중입니다.

299

당신 안에 있는 신성한 진리는 강력합니다.
이 진리는 세상을 밝히기 위해 존재합니다.

300

신, 상승 마스터, 천사들이
당신의 길을 순수한 빛으로 축복해주고 있습니다.

301

당신은 지금 강한 동조 상태에 있습니다.
그 어떤 것도 당신의 흐름과 영적 연결을
방해하지 못하게 하세요.

302

당신은 내적으로도, 직업적으로도
성장하고 있습니다.
에너지를 높게 유지하고
변화를 만드는 데 집중하세요.

303

신이 당신을 지원하기 위해
영적 안내자와 신성한 마스터들을 보내고 있습니다.
빛을 받아들이세요.

304

천사들이 당신 주위를 맴돌며 당신의 생각과 의도,
에너지를 최대한 높은 진동수로 끌어올리라고
촉구하고 있습니다.

305

어쩔 수 없이 변화해야만 하는 게 아니라
스스로 변화할 수 있도록 문제들을 직면하세요.
솔직하고 진솔해지세요.

306

천사들을 불러서 균형을 유지하고
우선순위에 집중할 수 있게 도와달라고 요청하세요.

307

당신이 기적입니다. 당신이 마법입니다.
지금 당신이 손대는 모든 것이 금으로 변할 것입니다.

308

당신의 영적 성장이 가속화되고 있습니다.
당신은 더 높이 성장하면서 영적 안내자들이
바뀌는 것을 느끼게 될지도 모릅니다.

309

지금 당신의 상위 자아가 당신을 인도하고 있습니다.
내면 깊숙이 들어가세요.
그리고 지금과는 다른,
새로운 방향으로 가야 하는 상황이 오더라도
받아들일 수 있는 넓은 마음을 가져보세요.

310

당신이 지닌 상위 차원의 힘과 당신은 하나입니다.
당신이 사랑과 지지를 받고 있음을 알아두세요.

311

당신의 에너지, 당신의 현현은
이 세상에 선물과도 같습니다.
당신은 열린 의식을 갖고 있으며
모든 생명과 일치하는 상태에 있습니다.

312

당신은 지금 인간관계 속에서 일어나고 있는
내적 성장을 알아차리라는 안내를 받고 있습니다.
어떠한 인연도 우연이 아님을 알아두세요.

313

동굴에서 나오세요. 당신의 빛을 드러내세요.
당신은 배우고 가르치기 위해 여기 존재합니다.

314

천사들이 당신의 빛을 드러내라고,
그 빛을 믿으라고 격려하고 있습니다.

315

지금 목격하고 있는 변화는
당신의 기도에 대한 응답입니다.
이 길의 다음 단계가 나타나리라는 것을 믿으세요.

316

기적에 조금 더 마음을 열어보세요.
그저 존재하기만 할 시간을 가지세요.

317

성장을 향한 당신의 노력이
마법의 문을 열고 있습니다.
힘에는 언제나 그만한 책임이 따른다는 것을
기억하세요.

318

성장을 위한 당신의 여정과 노력들이
인정받고 있습니다.
방향을 제시해주고 지원해주는 천사들이
이 여정을 당신과 함께하고 있습니다.

319

당신의 존재 자체가 힘입니다.
방패들을 모두 내려놓고 당신의 모습을 드러내세요.
오직 신성만이 당신에게 필요한
유일한 방패라는 것을 알아두세요.

320

당신은 신과 직접적으로 연결되어 있습니다.
나 자신이 사랑받는 것을 허용하세요.
당신은 신성한 어머니, 아버지와
친밀한 관계를 맺을 자격이 있습니다.

321

당신은 잘못된 길을 가고 있지 않습니다.
그저 여기서부터 신성이 알아서 하도록
내맡기라고 인도받고 있을 뿐입니다.
신성의 힘에 내맡기세요.

322

이 영적 여정을 걷고 있는 것은 '당신'이므로,
빛과 해결책이 필요할 때
'당신'이 상황을 주도해야 한다는 것을 기억하세요.
용서하세요.

323

상승 마스터들이 당신과 함께하고 있습니다.
당신이 두려움 없이 살아갈 수 있도록
이들이 당신의 길에 있는
모든 장애물과 문제들을 해결해줍니다.

324

천사 집단이 당신의 편에 서 있습니다.
기도만 하면 이들의 도움을 받을 수 있습니다.

325

도움을 받아도 괜찮다는 마음을 가져보세요.
다른 사람을 돕기 위해서는
당신도 신과 천사들의 도움을 받아야만 합니다.

326

다른 사람들의 낮은 진동수나 드라마가
당신의 빛을 가리지 않도록 하세요.
당신을 고양시켜주는 사람들을 주변에 가까이 두세요.

327

당신의 인생 계획은
최고의 선(highest good)에 부합하는 것이어야 합니다.
이렇게 되면 신의 계획이 당신의 계획과
일치하게 되면서 당신의 소원이 이뤄질 것입니다.

328

성장을 위한 당신의 노력이 인정을 받았습니다.
구하세요. 그리하면 받을 것입니다.

329

당신은 신성한 어머니의 힘,
신성한 어머니의 현존과 동조된 상태에 있습니다.
당신은 사랑받고 있습니다.

330

신이 당신과 당신의 재능을 믿는다는 사실을
천사들과 상승 마스터들이 알려주고 싶어합니다.

331

당신은 필요할 때마다 당신을 도와줄
지성과 신성한 사랑에 동조되어 있습니다.
믿으세요.

332

당신이 만족감을 느낄 수 있도록
당신의 관계가 성장의 국면에 접어들고 있습니다.

333

지금 당신은 예수님 그리고 다른 상승 마스터들에게
강하게 동조되어 있습니다.
당신은 이전의 모든 난관을 뛰어넘을 수 있는,
여정의 중대한 지점에 와 있습니다.

334

영적 안내자와 천사들이 당신 주위를 돌며
신성한 사랑과 보호를 전하고 있습니다.

335

변화는 자신이 신, 천사들과 하나라는 사실을
잊었을 때만 어려운 일이 됩니다.
진정한 자기 자신이 누구인지 기억하세요.

336

당신의 가슴에는 당신의 관심이 필요합니다.
더 나아가기 전에 호흡을 가다듬고
속도를 늦추어 자신의 중심과 연결되세요.

337

당신은 현실 창조의 문에 서 있습니다.
지금 당신에게서 기적이 쏟아지고 있습니다.

338

지금 당신이 묻고 있는 질문에 대한 답은
당신의 전생에 있습니다.

당신은 여신 그리고 강력한 성녀들과
동조되어 있습니다.
이들은 당신이 신성한 사랑을
기꺼이 맞아들일 수 있도록,
그것에 마음을 열 수 있도록 도와줍니다.

당신이 신과 친밀한 관계를 맺을 수 있도록
천사들이 돕고 있습니다.
당신에게 그럴 자격이 있다는 것을 알아두세요.

점점 넓어지고 있는 당신의 마음 덕분에
당신은 천사들의 직접적인 안내를
받을 수 있게 되었습니다.

342

당신의 천사 팀은 현재 자신들이
당신의 인간관계를 인도하고 있음을,
당신의 모든 고민들을 해결하려 노력하고 있음을
알려주고 싶어합니다.

343

내면에서 느껴지는 연결을 믿으세요.
특정 안내자들이 당신과 소통하고 있으며
당신을 통해 얘기하고 있다는 것을 믿으세요.

344

당신은 당신의 수호천사와 동조된 상태에 있습니다.
이들은 당신을 무조건적으로 사랑합니다.

345

미카엘 대천사와 그의 곁에 있는
보호의 천사들이 당신 주변으로
빛과 안전의 링^{ring}을 둘러주고 있습니다.

346

당신이 기도를 드리는 천사들은
언제나 당신이 더 성장할 수 있는
완벽한 해결책으로 당신을 인도하고 있습니다.
이를 믿으세요.

347

당신의 상위 자아가
당신만의 안전지대를 넘어설 기회를
현실에 창조하고 있습니다.
두려움을 넘어 성장하세요.

348

당신이 지지받고 있다는 느낌을 느끼기 위해
진정으로 필요한 것을 우주에게 숨김없이 말하세요.

349

진정한 나 자신으로 존재하는 데는
허락이 필요하지 않습니다.
당신은 날 때부터 강력한 사람이었습니다.
이를 받아들이세요.

350

영적 안내자들이 당신의 삶을
풍요의 빛과 힘에 동조시키고 있습니다.

351

변화의 에너지를 두려워하지 마세요.
변화의 에너지는
항상 신성한 질서에 따라 당신의 최고선(highest good)에
부합하는 쪽으로 작동합니다.

352

당신이 관계에 쏟은 모든 에너지는
그럴 만한 가치가 있었던 것으로 드러날 것입니다.
당신은 옳은 일을 하고 있습니다.

353

자신의 한계를 넘어서라고,
그리고 개인적으로나 영적으로 성장하기 위해
어떤 변화가 필요한지 직면하는 시간을 가지라고
영적 안내자들이 격려하고 있습니다.

354

현재 일어나고 있는 변화를 헤쳐 나갈 수 있도록
천사들이 당신을 돕고 있습니다.
빛에 집중하세요.
그 어떤 것도 당신의 광채를
흩뜨리지 못하도록 하세요.

355

상승 마스터들이
경제적 상황과 풍요에 관련된 모든 거래에
빛과 사랑을 들여오라고 격려하고 있습니다.
금전적인 것과 관련된 모든 행동들을
빛과 동조시키세요.

356

지금은 확장의 시기이므로
당신만의 방식으로 다른 사람들에게
봉사하는 것이 중요합니다.
이렇게 하면 신이 당신에게 봉사할 수 있는
통로가 열릴 것입니다.

357

기존과 다른 관점을 가질 수 있도록
마음을 열어보세요.
당신은 훨씬 더 나은 미래를 기대해보라는
격려를 받고 있습니다.
인식을 바꾸면
기적적인 변화를 경험하게 될 것입니다.

358

의도를 갖는 것도 중요하지만
계획대로 진행되지 않는 일에 대해
열린 마음을 갖는 것도 중요합니다.
신의 계획은 항상 당신에게
유리하게 적용된다는 것을 알아두세요.

359

천사들은 당신이 스스로와 더 깊이 연결되기를,
지금의 당신이 유례없을 정도로
가볍고 빛나는 존재라는 것을 알기를 원합니다.
이 모든 내적인 작업을 해오느라
정말 수고 많았습니다.

360

지금 당신에게 가장 도움이 되는 것들을
자세히 정리해보고,
그에 따라 나아가라고 신이 부추기고 있습니다.
이렇게 한다면 조화로운 경험을 할 수 있을 것입니다.

361

더 나아가기 전에 맨 처음의 의도로
돌아가라고 당신의 영혼이 말하고 있습니다.
당신은 지금 자신에게
도움이 될 길에서 벗어나고 있습니다.
제자리로 돌아가세요.

362

지금 당신은 인간관계에
적극적으로 참여해야 할 필요가 있습니다.
들려오는 피드백을
열린 자세로 받아들이는 것이 중요합니다.
당신이 맺고 있는 모든 관계는
하나의 과제라는 것을 기억하세요.

363

가슴이 확장되고 영적인 감각들이 열리고 있습니다.
이러한 확장을 지속하기 위해서는
반드시 신성의 지원과 보호를 요청하세요.

364

천사들이 당신과 함께합니다.
그들에게 도움과 지원을 요청하세요.
당신이 인도받고 있다는 것을 알고,
자신감을 가지고 앞으로 나아가세요.

365

지금 당신에게는
훨씬 더 풍요로워질 기회가 있습니다.
자신의 신성한 가치와 다시 연결되라고
천사들이 부추기고 있습니다.

366

멈추세요. 자신의 의도가 원래 무엇이었는지를
다시 상기하고 믿을 만한 사람에게
조언을 얻기 전까지는 더 이상 나아가지 마세요.
이 상황이 당신의 성장을 가로막을 수 있습니다.

367

과거에 경험했던 장애물들이
이제 당신의 에너지장에서 사라지고 있습니다.
일이 진척되기 시작합니다.

당신의 길과 목적이 계획대로 펼쳐지고 있습니다.
기쁨과 만족을 느끼려면 어떤 것이 좋을지
언제나 당신의 영혼이 알려줄 거라는
사실을 알아두세요.

이 시기에는 당신이 좀더 예민해질지도 모릅니다.
하지만 당신 안에서 일어나는 감정은
앞으로의 여정에서
가장 중요한 것이 무엇인지 알려주는 메시지이므로
귀를 기울이는 것이 중요합니다.

신과 상승 마스터들이 지금 당신의 의도를
현실화할 수 있도록 돕고 있습니다.
높은 에너지와 감사에 집중하면
기적을 맞이하게 될 것입니다.

371

당신의 의도가 하늘에 가닿았습니다.
결과가 계획대로 펼쳐지고 있음을 믿으세요.

372

당신 곁의 소중한 사람들을
미래의 비전과 의도 속에 포함시키라고
천사들이 상기시켜주고 있습니다.
당신의 풍요로운 생각을 공유하세요.

373

당신이 현 상황에서 교사/리더 역할을
맡을 수 있게끔 하는 중요한 교훈을
당신의 상위 자아가 현실로 창조하고 있습니다.
지금 일어나고 있는 일의
행간을 읽는 시간을 가져보세요.

374

천사들이 지금 당신의 의도에 찬성합니다.
당신은 이 의도를 현실화하기 위한
단계를 밟으라는 격려를 받고 있습니다.

375

당신은 변화 속에서 편안함을 느껴보라는
메시지를 받고 있습니다.
신과 천사들이 항상 당신과 함께한다는 것을
기억하는 것이 핵심입니다.

376

두려움이 올라온다면 기적 같은 일이
일어나기 직전에 와 있음을 떠올리세요.
신뢰하고, 도움을 요청하세요.

377

당신이 찾고 있는 기적은 당신의 손안에 있습니다.
사랑의 빛과 힘에 동조되세요.
그리고 이에 집중한 상태를 유지하세요.

378

다음 단계는 이미 시작되었습니다.
하지만 다음 단계가 어떤 것인지 알기 전에
일단 가보는 것이 우선입니다.
앞으로 나아가세요.

379

당신의 힘과 다시 연결되세요.
당신이 진정 누구인지,
당신에게 어떤 재능이 있는지 기억해내세요.
당신은 빛나기 위해 태어났다는 사실을 아세요.

380

신은 당신이 강력하다는 것을,
당신도 할 수 있다는 것을 당신이 알기를 원합니다.

381

천사들이 당신을 인도하고 있습니다.
지금의 상황이 곧 이해가 될 것입니다.
당신이 힘과 동조된 상태라는 것을 알아두세요.

382

당신은 당신의 성장에 중요한 역할을 할 친구
혹은 다른 사람들과 관계를 맺고 있으며,
어떤 관계는 다시금 맺어지고 있습니다.
마음을 여세요.

383

당신은 지금 경계심을 늦추고
평화로운 행동을 취하도록 격려받고 있습니다.

384

당신은 지상의 천사이며,
봉사를 통해 기쁨과 만족을 느껴보라는
격려를 받고 있습니다.
다른 사람들을 기쁜 마음으로 도와주세요.

385

당신은 앞으로 나아갈 수 있는 길의 종류가
수없이 많다는 것을 알라는 격려를 받고 있습니다.
고집을 버리고 현 상황을 다른 관점으로
바라볼 수 있도록 기꺼이 노력해보세요.

386

계속 나아가기 전에
자신의 상황을 검토하는 시간을 갖는 것은
포기가 아니라 더 많은 깨우침과
도움이 될 경험을 준비하는 것입니다.

387

당신은 진실, 해답, 빛을 향해 나아가고 있습니다.
당신이 보고, 듣고, 느낀 것을 믿으세요.

388

당신이 나아갈 길이 지금 드러나고 있습니다.
당신 곁에 언제나 신성한 인도가
함께한다는 것을 믿으세요.

389

당신이 걷고 있는 이 길은
나 자신으로 돌아가는 길입니다.
당신은 현명한 스승입니다.
내면으로 들어가 귀를 기울이세요.

390

신이 당신에게 감사하고 있습니다.

391

성장을 위한 당신의 노력이
온 우주에서 인정받고 있습니다.
빛을 향한 당신의 헌신에 감사합니다.

392

당신 주변에는
긍정적이고 강력한 사람들이 가득합니다.
이들에게서 좋은 기운을 흡수한 다음
그것을 다른 사람들과 나누세요.

393

당신 내면에는 알려질 준비가 된
강력한 정보가 있습니다.
마음 챙김, 명상, 일기를 통해
내면에 귀를 기울이라고
당신의 영혼이 격려하고 있습니다.

394

천사들이 자기 자신을
다정한 시선으로 바라보라고 말하고 있습니다.
자신을 사랑하세요.

우주가 당신을 도울 수 있도록
걱정을 내려놓으라고 말하고 있습니다.
놓아버리고 신께 내맡기세요.

당신은 앞으로 나아가기 전에
먼저 내면으로 들어가라는 제안을 받고 있습니다.
진정한 당신이 누구인지 기억하세요.

당신의 경험은
당신이 동조하고 있는 에너지의 반영입니다.
당신을 환하게 밝혀주는 에너지와 연결되도록 하세요.

398

높은 길을 가라고 천사들이 상기시켜주고 있습니다.
특히나 이렇게 먼 길을 걸어왔을 때는
더더욱 경로를 이탈하지 말아야 합니다.

399

당신은 신성으로부터
강력하고 통찰력 있는 메시지를 다운로드 받았습니다.
명상, 비전, 꿈속에서 드러나고 있는
그 메시지를 살펴보세요.

400

당신은 신과 직접 소통하고 있습니다.
당신의 기도가 가닿았다는 것을 알아두세요.

401

신의 사랑과 현존으로 살아가세요.
당신은 혼자가 아닙니다.

402

영적 안내자들과 천사 팀이
당신의 현재 상황을 돕고 있습니다.
당신이 주변 사람들의 천사가 되어주세요.

403

현재 당신의 에너지가 업그레이드되고 있습니다.
이 전환기 동안 영적 안내자들이
당신을 돕고 있음을 알아두세요.

404

신과 천사들이 당신 주변으로
신성한 보호의 빛을 비추고 있습니다.
당신은 안전합니다.

405

지금 일어나고 있는 변화는 신이 주도한 것입니다.
신성의 계획에 따라
당신의 길이 펼쳐지고 있음을 믿으세요.

406

지금 당신은 잠시 멈춰 내면으로 들어가라는
안내를 받고 있습니다.
당신에게 필요한 답을 신과 천사들이
이미 당신 내면에 넣어두었습니다.

407

당신은 지금 높은 진동 상태에 있으며,
현실로 창조할 준비가 된 것에
의식을 집중하라고 촉구받고 있습니다.

408

당신은 더 높은 목적을 위해 나아가려고
여기 존재합니다.
기쁨이 느껴지는 일을 할 때
당신은 이 목적과 동조됩니다.

409

당신의 상위 자아는 항상
신, 천사들과 연결되어 있습니다.
당신이 언제든 신성한 지성에
연결될 수 있다는 것을 알아두세요.

410

당신은 의도를 명확히 하라는
메시지를 받고 있습니다.
당신의 의지가 신성한 법칙에 부합하는 것이면
언제나 당신의 모든 것을 듣고 계시는
신께서 응답하실 것입니다.

411

당신은 모든 생명과 일치하는 상태에 있습니다.
당신에게 필요한 모든 지원과 안내가
지금 주어졌습니다.
귀 기울여 들어보세요.

412

지금은 자신의 감정과 의도를
명확하게 정리하는 것이 중요합니다.
특히 인간관계에서는 더더욱 그렇습니다.

413

천사들이 당신을 응원하고 있습니다.
그러나 다음 단계로 올라가는 것은
오직 당신만이 할 수 있는 일입니다.
도약하세요.

414

천사들이 자신들의 존재를 상기시켜주고 있습니다.
지금 당신이 겪고 있는 경험이
신성과의 연결임을 믿으세요.

415

당신은 성장하기 위해서
어떤 변화가 필요한지 잘 알고 있습니다.
천사들이 당신의 변화를 재촉하고 있습니다.
자신의 힘을 되찾으세요.

416

생각을 너무 많이 하지 마세요.
너무 과도하게 계획을 세우려고 하지도 마세요.
현재 고집하고 있는 당신만의 방식에서 벗어나면
천사들이 기적적인 도움과 해결책을
내어줄 수 있습니다.

417

현 상황 뒤에 숨겨져 있는 신비를 보라고
천사들이 격려하고 있습니다.
우연히 일어나는 일은 없다는 것을 알아두세요.

418

지금껏 걸어온 길이 당신에게
굉장한 스승 역할을 해주었으며,
이전에 얻었던 교훈들 속에
현재의 당신을 위한 메시지가 있음을 알라고
천사들이 안내하고 있습니다.

419

천사들이 당신의 힘을 되찾으라고 격려하고 있습니다.
그 누구도 당신을 업신여길 수 없도록 하세요.

420

당신이 신성과의 개인적인 유대감을
형성할 수 있도록 천사들이 돕고 있습니다.
당신은 신에 관한 누군가의 부정적인 가르침에
개의치 말라는 격려를 받고 있습니다.

421

자기 자신과의 관계에 충실해지라고
천사들이 부추기고 있습니다.

422

당신은 주변 사람들에게
도움의 손길을 전하라는 안내를 받고 있습니다.
도움이 필요한 사람들에게
어떤 도움이 필요한지 물어보세요.
다른 사람들에게 베푸는 행위는
당신에게도 보상이 될 것입니다.

423

천사들과 상승 마스터들이
당신의 잊어버린 재능, 잃어버린 부분들을
되찾을 수 있도록 돕고 있습니다.

424

천사들이 당신의 개인적인 관계에 집중하고 있습니다.
자신의 감정을 명확히 정리하세요.
그리고 당신이 진정으로 아끼는 사람들과
내적 사랑을 나누세요.

425

천사들이 지금의 이 상황에서
배움을 얻으라고 촉구하고 있습니다.

426

당신을 고양시켜주고,
당신이 지닌 빛이 더 환히 빛날 수 있도록
격려해주는 사람들을 주변에 가까이 두세요.

427

로맨스와 관계에 대한
당신의 기도와 요청에 따라
천사들이 당신을 돕고 있습니다.

428

천사들이 직업과 목적에 관한
당신의 기도를 듣고 있습니다.
이들이 당신의 꿈을 응원하고 있습니다.

429

지금 천사들이 자신의 연약하고 부드러운 마음들과
더 가까워지라고 격려하고 있습니다.
당신이 지닌 그 연약함은 곧
당신의 재능이기도 합니다.

430

현재의 선택과 행동의 이면에 있는 목적을 상기하라고
천사들이 격려하고 있습니다.
당신이 앞으로 계속 나아가는 데
이 목적이 도움이 될 것입니다.

431

지금 당신은 천사, 성자, 마스터들로
이루어진 그룹에 둘러싸여 있습니다.
빛에 집중하고 빛에 동조되라고
이들이 재촉하고 있습니다.

432

당신은 인간관계에 대한 도움과 안내를
요청하라는 촉구를 받고 있습니다.

433

천사들과 예수께서 천국이
당신 안에 있음을 상기시켜주고 있습니다.

434

현재 당신 주변으로 느껴지는 변화의 에너지는
어느 정도 천사들이 만들어낸 것이기도 합니다.
당신이 그동안 천사들에게 했던 기도가
지금의 이러한 변화로 드러나는 중입니다.

435

당신은 생각, 행동, 의도를 업그레이드하도록
안내받고 있습니다.
어디를 가든, 당신이 그곳의 천사가 되어주세요.

436

어떤 결정들을 내리기 전에
당신의 가슴 그리고 당신을
밝고 환하게 만들어주는 것들과
다시 연결되는 시간을 갖는 것이 중요합니다.

437

천사들이 기적을 만들어냄으로써
당신을 돕고 있습니다.

438

천사들은 영적인 길이 마냥 쉽지만은 않다는 것을
상기시켜주고 있으며,
당신이 하고 있는 행위 이면의 목적에
집중하라고 충고하고 있습니다.

439

기도와 명상, 내면으로의 침잠을 통해
신성한 여성성과 연결되라고
천사들이 재촉하고 있습니다.

440

천사들이 신과 당신을 직통으로 연결해주고 있습니다.
목소리를 높이세요.
당신의 모든 말을 듣고 계시는 분이 있음을
알아두세요.

441

당신이 강력한 존재라는 것을
천사들이 상기시켜주고 있습니다.
내적 힘을 깨워 그 힘을 세상에 내보내세요.

442

당신의 인간관계, 그리고 마음의 문제에 관련한
모든 것들을 천사들이 인도하고 있습니다.

443

당신의 에너지가 업그레이드되는 동안
천사들이 당신을 돕고 있습니다.
새로운 연결이 지금 이루어지고 있습니다.

444

당신은 10만 명의 천사들에게 둘러싸여 있습니다.
눈앞에서 기적이 일어나고 있습니다.

445

대천사들이 당신을 인도하고 있습니다.
지금 당신은 빛과 힘, 치유로 충만합니다.

446

천사들이 회복을 위해 잠시
리트릿retreat의 시간을 가지라고 격려하고 있습니다.
당신의 성장에는 균형이 필수적입니다.

447

천사들이 당신의 기도, 의도, 비전에 따라
당신의 발전에 도움이 될 기회들을
끌어오고 있습니다.
새로운 모험을 즐기세요.

448

천사들은 당신의 의도와 신성한 법칙에 따라
당신의 길을 창조하고, 또 조직하고 있습니다.
천사들이 이러한 사실을 당신에게 알리고 싶어합니다.

449

당신은 신성한 어머니 그리고 천사들과
접촉하고 있습니다.
사랑을 주고, 또 받을 수 있도록 스스로를 허용하세요.

450

두려움, 곤란한 상황, 당신을 좌절시키는 상황을
직면하게 되었을 때 신과 미카엘 대천사가
당신을 돕고 있습니다. 당신은 안전합니다.

451

당신에게 필요한 기적이 정말로 일어나기 위해서는
당신부터 변화할 준비가 되어 있어야 합니다.

452

지혜의 천사들이 그동안 가슴속에만 품고 있던
진실을 나누도록 격려하고 있습니다.
마음을 열면 신성의 안내를 받을 수 있습니다.

453

안내와 도움을 받을 수 있도록
자신의 계획과 의도를 분명히 하라고
천사들이 재촉하고 있습니다.

454

지금은 삶을 통제하려는 욕구를 버리고,
천사들이 당신을 빛과 지원, 사랑으로
인도하도록 내맡길 때입니다.

455

당신이 풍요와 확장에
더욱더 동조될 수 있도록 하기 위해
지금 큰 변화가 일어나고 있습니다.

456

당신이 돌봄과 자비의 에너지에 동조될 수 있도록
천사들이 격려하고 있습니다.
공격에 관한 생각들은 무시하세요.

457

자신이 가진 영적 재능을 표출하면
당신의 삶 속으로
영적 도움의 물결이 들어올 것입니다.
자신의 재능을 잘 받아들일 수 있도록
대천사들에게 도움을 청하세요.

458

당신이 성장의 길을 계속 걸어갈 수 있도록
지원해주기 위해 지금 영적인 치유 에너지가
당신을 감싸고 있습니다.

459

천사들이 놀라운 일을 기대해보라며
당신을 격려하고 있습니다.

460

신이 지금 당신 자신을 각별히 돌보라고
제안하고 있습니다.
여정의 다음 단계를 위해서는
기운을 비축하는 것이 중요하기 때문입니다.

461

스스로를 바라보는 내적 관점이
치유될 수 있다는 사실을 알아두세요.
마음속으로 계속 자기 자신을 다정하게 격려해주세요.

462

당신은 당신에게 도움이 되지 않는 사람들,
당신이 모자란 사람이라는 느낌을 주는 이들을
멀리하라는 제안을 받고 있습니다.

463

천사들이 자신의 몸을 사랑하고 돌보는 데
최선을 다하라고 재촉하고 있습니다.
자신의 몸을 사랑하고 돌보는 것이
당신의 앞길을 윤택하게 할 것입니다.

464

천사들이 지금 당신과 함께합니다.
기꺼이 그들의 도움을 받으세요.
천사들의 도움에 의지해도 괜찮습니다.

465

기적을 경험하는 것은
기적에 대한 당신의 믿음에 달려 있습니다.
당신은 기적을 경험할 만한 가치가 있는 사람입니다.

466

더 나아가기 전에 좀더 정보를 찾아보라고
천사들이 격려하고 있습니다.

467

기적을 일으킬 수 있는 능력이 당신에게 있다는 것을
천사들이 상기시켜주고 있습니다.
당신이 지닌 그 마법의 힘을 믿으세요.

천사들이 당신을 돕고 있습니다.
이들은 당신의 에너지장과
당신 삶 속의 낮은 진동들을 정화하고 있습니다.

지금 당신은 당신이 배워야 할 중요한 교훈과
직접적으로 연결되어 있습니다.
내면에서 떠오르는 정보에 마음을 여세요.

당신이 우주의 신비를 이해할 수 있도록
지금 신과 천사들이 돕고 있습니다.

지구상의 리더, 교사, 치유자가 될 수 있는
당신의 힘을 천사들이 상기시켜주고 있습니다.
당신의 재능이 세상에 나누기 위해
주어진 것임을 알아두세요.

당신이 지닌 재능을
다른 사람들에게 나눠주지 않는다면
그것은 진정한 재능(gift)이라 할 수 없습니다.
당신은 재능을 세상에 나누라는
격려를 받고 있습니다.

여정의 다음 단계로 넘어가기 전에
당신이 꼭 배워야 할 중요한 교훈이
용서라는 것을 천사들이 알려주고 싶어합니다.

474

당신의 꿈이 현실로 이루어질 수 있도록
천사들이 돕고 있습니다.
확고한 믿음을 가지세요.

475

변화와 힘에는 큰 책임이 따릅니다.
앞으로 나아가면서 신과 연결된 상태,
내적 중심이 잘 잡힌 상태를 유지하세요.

476

두려움을 직면하라고, 그리고 그 두려움이
나에게 무엇을 가르쳐주고 있는지를 보라고
천사들이 안내하고 있습니다.
당신 안에 있는 사랑이
모든 것을 이겨낼 수 있다는 것을 알아두세요.

지금 당신은 현실 창조의 에너지,
현실 창조의 법칙과 연결되어 있습니다.
바랐던 현실을 경험하고 싶다면
당신의 기도가 이미 응답을 받았다고 상상해보세요.

천사들이 땅과 연결되라고 부추기고 있습니다.
다시 자신이 가야 할 옳은 길로
돌아왔다는 기분을 느끼려면
그라운딩될 필요가 있습니다.

최고의 선(highest good)에
자기 자신을 동조시키기 위해서는
내면의 스승을 불러내야 한다고
천사들이 안내하고 있습니다.

480

우연히 일어나는 일은 없습니다.
당신 앞에 펼쳐진 길이
당신을 최고의 선(highest good)으로
이끌어줄 것임을 믿으세요.

481

당신이 이전에 배운 교훈들을 상기할 수 있도록
천사들이 돕고 있습니다.
당신은 오래된 패턴을 반복할 필요가 없습니다.

482

다른 사람들에게 맞추기 위해
나의 꿈을 작게 만들기보다는,
나만의 길을 따르고 나에게 맞는 일을 하라고
천사들이 격려하고 있습니다.

483

당신은 성장하기 위해 여기 있으며
실수 없이는 성장도 없습니다.
천사들은 당신이 무슨 일이 있어도
사랑받고 있음을 알려주고 싶어합니다.
죄책감을 신에게 내맡겨버리세요.

484

당신은 천국을 믿으라는 격려를 받고 있습니다.
천사들은 당신을 위해 일하고 있으며,
지금 당신 가까이에 서 있습니다.

485

당신은 사랑하고, 사랑받기 위해
태어났다는 사실을 상기하도록 인도받고 있습니다.
이러한 진실에 들어맞지 않는 상황 속에 있다면
그 상황에서 빠져나오세요.

486

천사들이 "노!"가 답임을 기억하라고
재촉하고 있습니다.
당신은 "노!"라는 말을 더 자주 할 필요가 있습니다.

487

당신의 여정에는 교사, 리더, 대변인이
되는 일이 수반되어 있습니다.
일어나 목소리를 내세요.

488

가르침은 곧 배움과 같다는 사실을 알라고,
당신이 지닌 빛을 환하게 빛내라고
천사들이 격려하고 있습니다.

489

당신이 가슴속 동굴로 찾아오기를
천사들이 기다리고 있습니다.
그러니 시간을 내어 그 안으로 들어가세요.
거기서 사랑이 당신을 기다리고 있습니다.

490

지금 당신은 상위 자아와 동조된 상태이며
신의 인도를 받고 있습니다.

491

천사들은 당신을 빛의 등대로 여기고 있으며
당신에게 감사하고 있습니다.

숨 고를 시간을 좀 가지라고
천사들이 제안하고 있습니다.
앞으로 나아가기 전에
침착하고 차분하게 마음을 가다듬으세요.

당신은 하늘나라로 먼저 떠난, 사랑하는 이들과
연결되어 있습니다.
당신이 종종 기도하는 사람들이 수호천사처럼
당신을 보호해주고 있다는 것을 알아두세요.

진정한 자기 자신의 모습을 표현하라고
천사들이 격려하고 있습니다.
진정한 당신의 모습을 이제 더 이상 숨기지 마세요.

495

당신은 영혼의 성장에 필요한 변화가
무엇인지를 알고 있습니다.
천사들이 당신의 변화를 격려하고 있습니다.
당신은 날 때부터 밝게 빛나는 사람이었습니다.

496

당신을 신과 사랑 가까이로
데려가주는 것들과 연결되세요.
당신에게 도움이 되지 않는 것들은
모두 놓아버리세요.

497

당신의 에너지가 열리고 있습니다.
조화를 경험할 수 있는 새로운 기회가
당신에게 주어지고 있습니다.

498

당신은 내적 진실과의 연결,
그리고 자아 인식을 강화해주는
신성한 상태에 있습니다.
당신이 지금 걷고 있는 이 길을 따라
인도받고 있음을 알아두세요.

499

천사들이 내면의 목소리와 직관으로
당신을 안내하고 있습니다.
지금 내면에서 떠오르는 그 정보를 믿으세요.

500

신이 당신의 앞날을 준비하고 있습니다.
기적과 풍요를 경험할 준비를 하세요.

501

빛과 선에 부합되는,
당신이 행하는 모든 일들을
신께서 돕고 계시다는 것을 알아두세요.

502

당신의 인간관계가 변화하고 있습니다.
신께서 이러한 변화를 돕고 계시다는 것을 믿으세요.

503

신께서 항상 당신을 위해,
그리고 모든 사람의 최고선(highest good)을 위해
일하고 계시다는 것을 믿었기에
당신은 지금의 성장을 이룰 수 있었습니다.

504

당신과 함께하고 있는 천사들이
중요한 것은 더 발전시키고,
중요하지 않은 것은 놓아버리라고
안내하고 있습니다.

505

어떤 변화를 겪어야 한다는 느낌이 들고,
또 그것이 신의 안내인 것처럼 느껴진다면
그 느낌을 믿으세요.
그러한 변화는 정말로 신이 인도하는 것이니까요.
풍요를 현실로 창조할 수 있는 능력이
당신에게 있음을 믿으세요.

506

당신의 성장은 당신의 몸과 삶 속에 흐르는
기쁨의 정도에 달려 있습니다.
기쁨을 경험하고 나누는 것을 목표로 삼아보세요.

507

당신은 기적에 조금 더 마음을 열어보라는
안내를 받고 있습니다.
삶 속에 기적이 들어올 수 있도록
길을 내두면 정말로 기적이 일어날 수 있습니다.

508

당신을 환히 빛나게 하는 것,
목적의식을 갖게 하는 것에 집중하세요.
나머지는 신이 알아서 해줄 것입니다.

509

당신은 매우 중요한 어떤 것과 접촉하고 있습니다.
계속 귀를 기울이고 신의 메시지가
당신의 가슴으로 전달될 수 있도록 하세요.

510

성장을 위한 당신의 열의와 노력이
인정받고 있습니다.
당신이 항상 신성과 연결되어 있음을,
그리고 신성과 연결된 경험은
당사자만이 느낄 수 있는
개인적인 경험이라는 것을 알아두세요.

511

세상의 빛이 되겠다는 당신의 결심이
그 빛을 가장 필요로 하는 이들의 가슴을
변화시키고 있습니다.
지금처럼 계속 나아가세요.

512

잘 풀리지 않는 관계가 있었다면
그와 화해하는 시간을 가져보세요.
관계를 개선하고자 하는 의지가 있다는 것을
그에게 다정하게 내비쳐보세요.

513

풍요로운 삶을 경험하기 위한 노력,
더 발전하기 위한 당신의 노력이
당신의 앞날을 만들어가고 있습니다.
내적 성장에 계속 집중하세요.
빛이 당신을 인도하도록 하세요.

514

천사들이 계속해서 최고의 것,
최선의 것에 전념하라고 격려하고 있습니다.
당신의 삶은 다른 사람들에게
그들의 가능성을 보여주는 모범적인 삶입니다.

515

변화는 당신이 만드는 것입니다.
지금 일어나고 있는 변화를 성장의 기회로 여기세요.
그리고 진정한 나 자신이 되세요.

516

당신에게 더 많은 기쁨을 경험시켜주는 것이
무엇인지, 무엇이 당신의 빛을 가로막고 있는지
점검해보는 시간을 가지세요.
그러면 지금 있는 지점에서부터
어느 방향으로 나아가야 할지 알 수 있습니다.

517

지금 겪고 있는 에너지 변화는
당신의 현 상황과 관련이 있습니다.
당신은 에너지적 코드를 끊고
그것을 놓아버리라는 안내를 받고 있습니다.
이렇게 하면 당신에게 필요했던
기적과 해결책이 찾아올 것입니다.

518

'원하는 것'에 집중하기보다는
'필요한 것'을 요청하는 것이 중요합니다.
당신의 평안을 유지해줄 그것을
신께서 베푸실 수 있도록 허용하세요.

519

천사들이 이완하고 호흡하라고 안내하고 있습니다.
자기 자신 또는 자신의 힘을 증명하기 위해
싸우지 않아도 됩니다.
그저 행동과 결과로써 당신 자신을 보여주세요.

520

신과의 연결이 그 어느 때보다도 더 강합니다.
사랑이라는 집에 오신 것을 환영합니다.

521

타인의 마음에서 본 것은 곧
내게도 있는 마음의 반영입니다.
판단하려는 마음을 버리고
사랑의 눈으로 세상을 바라보세요.

522

당신은 용서의 에너지와 연결된
강력한 상태에 있습니다.
자신이 결코 상처받을 수 없는 존재임을
기억해내는 것이 곧 용서라는 것을 아세요.
당신의 영혼을 더럽힐 수 있는 것은
아무것도 없으니까요.

523

당신은 한 걸음 앞으로,
한 걸음 더 높이 나아가고 있습니다.
당신이 지금 올바른 길을
가고 있다는 것을 알아두세요.

524

당신이 더 조화롭고 평화로운 상태로
나아갈 수 있도록 당신과 당신이 사랑하는 이들을
천사들이 돕고 있습니다.

지금 당신과 당신이 사랑하는 이들,
그리고 당신의 관계 주변에
평안, 기적, 희망의 에너지가 가득합니다.
당신에게 있어 중요하고 의미 있는 모든 것들을
완전히 받아들이고 포용하세요.

당신은 날 때부터 가볍고 밝은,
기쁨으로 가득한 사람이었습니다.
당신의 주변 사람들은 가장 멋진 버전의 당신으로서
존재할 수 있도록 당신을 허용해주고 있나요?
이를 생각해볼 시간을 가져보세요.

527

당신이 다른 사람과 미처 나누지 못했던
감정들이 현실로 창조되어
지금의 상황이 벌어졌습니다.
마음을 여는 것이 중요합니다.
그러면 조금씩 앞길이 트일 것입니다.

528

천사들은 당신을 사랑하고 존중합니다.
자기 자신을 사랑하고 존중하려는 노력을
계속 이어가라고 이들이 격려하고 있습니다.
천사들은 스스로를 사랑하려는
당신의 노력을 보며 크게 기뻐하고 있습니다.

529

당신은 지금 겪고 있는
변화를 통해 당신과 깊은 인연이 있는
여성들과의 관계를 개선하게 될 것입니다.
지금 이 시기에는 어머니와 관련한
치유가 일어날 수 있습니다.

530

지금 마주하고 있는 변화를 잘 헤쳐 나갈 수 있도록
예수님 그리고 신께서 당신을 인도하고 계십니다.
온 마음으로 그들을 믿으세요.
당신의 선천적인 지혜를 의심하지 마세요.

531

당신이 현재 목표하며 노력하고 있는 모든 것들을
빛의 수호자들이 축복하고, 또 지원하고 있습니다.
당신은 '이대로 계속 가라'는 격려를 받고 있습니다.

532

모든 걸 내맡기고 상위 차원의 힘을 신뢰해보라고
천사들이 격려하고 있습니다.
이러한 사랑을 받아들인다면
지원을 받을 수 있을 것입니다.

533

당신은 상승의 사다리를 타고 있습니다.
당신은 박해와 관련된 오래된 감정들과 두려움에
당신을 묶어두는 모든 속박을 곧 풀게 될 것입니다.
예수님께 도움을 청하세요.

534

상승 마스터, 천사, 영적 안내자들이
지금 당신이 겪고 있는 모험적인 일을
자신들의 빛과 사랑으로 돕고 있습니다.
이 길은 축복받은 길입니다.

535

기꺼이 노력해보겠다는 당신의 의지가
성장의 기반이 됩니다.
천사들이 열의를 가지라고,
앞으로의 여정을 준비하라고 재촉하고 있습니다.

536

기꺼이 나누려는 마음,
기꺼이 자신을 드러내려는 마음,
기꺼이 자신의 재능을 인정하려는 마음이 있으면
기회는 알아서 따라온다는 것을
천사들이 상기시켜주고 있습니다.

537

기꺼이 앞으로 나아가려는 의지가 있고,
기회가 주어졌을 때
그것을 받아들이려는 의지가 있다면
당신의 영혼도 성장할 수 있습니다.

538

당신이 걷고 있는 이 여정은
끝없이 펼쳐지고 있습니다.
지금까지 이 길을 얼마나 멀리 걸어왔는지,
그리하여 지금 자신이 어떤 사람이 되었는지를
살펴보는 시간을 가지세요.

539

앞으로 더 나아가기 위해
당신은 자신의 혈통에 다시 연결되어야 하며,
특히 자신의 혈통에 있는 여성들과
다시 연결되어야 한다고 촉구받고 있습니다.

540

천사들이 변화를 바라는 당신의 기도를 들었습니다.
신성한 질서가 앞으로 나아가는 당신을 돕기 위해
나서고 있다는 것을 알아두세요.

541

당신이 바라는 변화는
당신 스스로 만들어내야 합니다.
앞으로 나아가려는 당신 곁에는
신이 함께할 것이지만,
그 첫걸음은 당신 스스로 내디뎌야 합니다.

542

당신은 조화롭고 안전한 기분을 느낄 수 있으려면
관계에 무엇이 필요한지 마음을 열고
솔직하게 얘기하라는 안내를 받고 있습니다.
목소리를 내세요.

543

천사들은 변화를 위한 당신의 노력들을
알고 있습니다.
천사들이 성장과 발전을 향해
당신을 이끌어주고 있다는 사실을 알리고 싶어합니다.

안전한 느낌, 인도받고 있다는 기분을 느끼려면
그리고 풍요를 누리려면 반드시 거쳐야 하는
변화를 당신이 겪을 수 있도록
천사들이 돕고 있습니다.
풍요의 문이 곧 열릴 것입니다.

미카엘을 포함한 대천사들이
성장, 발전, 기쁨으로 되돌아가기 위해서는
현 상황에서 벗어나야 한다고 권장하고 있습니다.

대천사들이 내면으로 들어가
가슴과 다시금 연결되라고 안내하고 있습니다.
당신이 표현하고 싶은 에너지, 당신이 원하는 상태
가까이로 당신을 데려다줄 수 있는 것이
무엇인지 가슴에게 물어보세요.

547

당신이 세운 의도와 그동안의 기도를 이뤄주기 위해
천사들이 열심히 노력하고 있습니다.
미래는 정해져 있지 않으며,
당신이 자기 자신과 세상 모두에게
가장 좋은 방향으로 인도받으리라는 것을 알아두세요.

548

지금 당신의 커리어와 목표가
꽤 유동적인 상태입니다.
당신을 환하게 밝혀주는 것들을
당신이 경험할 수 있도록
천사들이 언제나 노력하리라는 것을 알아두세요.

549

내면의 목소리에 귀를 기울이고,
그 목소리가 요구하는 변화를 일으키라고
천사들이 격려하고 있습니다.
경이로운 삶을 살기 위해서는
이러한 변화를 경험해야 합니다.

550

신이 당신의 기도에 응답하고 있습니다.
주의를 기울이세요.
그리고 예상했던 것 너머의 것을
생각할 수 있을 정도로 열린 마음을 가지세요.

551

당신 안에는 빛이 있으며
그 빛은 절대 꺼지지 않습니다.
당신이 진정 누구인지를 기억하세요.
당신이 가야 할 그곳으로 빛이
인도해주리라는 것을 믿으세요.

552

당신은 당신의 가정과 인간관계,
그리고 당신이 가는 모든 곳에
빛, 기쁨, 평화를 전파하라는 안내를 받고 있습니다.

553

당신이 그동안 쏟아온 모든 노력들이
인정받고 있으며,
이에 대한 보상이 있을 것입니다.
가속이 붙은 지금의 속도를 계속 유지하세요.

554

애씀(effort)과 수월함(effortlessness)은 한 끗 차이입니다.
천사들이 자신들을 믿으라고,
그리고 당신을 도와줄 수 있는
자신들의 능력을 믿으라고 안내하고 있습니다.
믿으세요.

555

당신의 모든 노력이 결실을 보고 있습니다.
풍요란 당신이
소유하고, 살고, 경험할 수 있는 것입니다.
가슴과 마음을 열고 팔을 벌려
지금 당신에게 내려오고 있는 축복을 받으세요.

556

받기 위해서는 줄 줄도 알아야 합니다.
부드럽게 주고 기쁘게 받으세요.
다른 이들과 나누지 않는 재능은 재능이 아닙니다.

당신의 신념이 지금의 일들을 창조하고 있습니다.
나만의 가치관과 다시 연결되세요.
풍요와 넉넉함에 동조되세요.

앞길이 뻥 뚫려 있고,
당신은 두려움 없이 앞으로 나아가고 있습니다.
신성한 사랑은 당신의 편입니다.

당신의 참된 자아와 육체적 자아가
신성한 연결을 맺고 있습니다.
내면에서 일체감을 느껴보세요.
삶 속에서 평안을 누려보세요.

560

속도를 늦추는 데 의식적인 노력을 쏟으라고
천사들이 재촉하고 있습니다.
마음 챙김을 위해 더 열심히 노력한다면
도움을 받아들일 수 있을 것입니다.

561

지금의 프로젝트에는 집중과 노력이 필요합니다.
정신을 분산시키는 것들,
당신의 발전에 방해가 될 수 있는 모든 것들을
멀리하라고 천사들이 안내하고 있습니다.

562

당신의 성장을 방해하는
오래된 습관과 패턴들을 기꺼이 바꿔야만
주변 사람들도 변화할 수 있습니다.
인간관계는 스승 중의 스승이라는 것을 기억하세요.

563

당신이 붙잡고 있는 오래된 이야기를
기꺼이 놓아버린다면 우주도 당신을
더 잘 도와줄 수 있을 것입니다.
피해자가 되고 싶은 마음을 놓아버리고
공동 창조자가 되어보세요.

564

당신이 자신의 몸을 편안하게 느끼고
당신만의 공간에서 편안하게 있을 수 있도록
천사들이 돕고 있습니다.
자기 자신을 사랑하라고 이들이 격려하고 있습니다.

565

투자, 재정과 관련한 모든 근심이 해소되고 있습니다.
금전적으로 차질이 생겼던 일들도
잘 이겨내게 될 것입니다.
당신에게 필요했던 해답이 다가오고 있습니다.

566

일단 한발 물러선 뒤,
더 많은 정보를 알아보고
일을 진행하라고 천사들이 제안하고 있습니다.
갑작스러운 변화는
당신의 회복과 성장에 영향을 줄 수 있으므로
지양하는 것이 좋습니다.

567

당신의 모든 근심, 걱정이
지금 해소되고 있습니다.
당신은 주저하지 말고
앞으로 나아가라는 격려를 받고 있습니다.
오늘,
당신을 위한 기적이 일어나고 있습니다.

당신은 무언가에 가로막혀 있거나
발목이 잡혀 있는 것이 아니라
그저 신뢰하라는 격려를 받고 있을 뿐입니다.
지금 무언가를 알기 힘든 이유는,
다음 단계로 나아가려는 의지를 보이지 않으면
여정의 다음 단계가 창조되지 않기 때문입니다.
우주가 당신 편이라는 것을 알아두세요.

지금 당신은 진정한 자아 인식을 하고 있습니다.
영혼의 목소리가 그 어느 때보다도 더 커졌습니다.
당신은 내면에서 떠오르는 메시지를 믿으라고
촉구받고 있습니다!

570

신께서 당신의 기도를 들으셨으며,
도움을 청하는 당신의 요청에 곧 응하실 것입니다.

571

당신이 현재 직면하고 있는 상황은
당신의 타고난 힘을 일깨워줄
중요한 교훈이 될 것입니다.
자신의 재능을 마주하고,
자신에게 그러한 재능이 있다는 사실을
기꺼이 받아들이세요.

572

지금은 상위 자아와 연결되는
시간을 갖는 것이 중요합니다.
당신은 오래된 영혼이며 당신 안에는
교감할 수 있는, 심지어 기억해낼 수도 있는
많은 경험들이 있습니다.

573

풍요에 관한 생각과 기꺼이 나누고자 하는
당신의 자세가 새로운 앞길을 만들어내고 있습니다.
이 새로운 길에서 당신은
안내와 지원을 받는 기분을 느낄 수 있을 것입니다.

574

끌림이 느껴졌던 아이디어나 벤처 사업
또는 배움의 기회를 잡아보라고
천사들이 격려하고 있습니다.
당신은 신성의 인도를 받고 있습니다.

575

지금 당신에게 마법의 기운이 감돌고 있습니다.
점성학적으로 보았을 때,
별들이 당신에게 유리한 쪽으로 정렬되어 있으므로
현 상황에서 얻을 수 있는
최상의 결과를 기대해보세요.

576

기꺼이 두려움을 직면한다면
여정의 다음 단계가 시작될 것입니다.
당신이 혼자가 아니라는 것을 알아두세요.
당신은 할 수 있습니다.

577

지금 기적적이고 마법 같은 상황이
벌어지고 있습니다.
당신 앞에 펼쳐지고 있는
모든 좋은 것들을 받아들이세요.

578

당신의 개인적인 삶 속에서 일어나고 있는 변화를
기꺼이 받아들이세요.
이러한 변화가 당신에게
더 깊은 기쁨과 충만을 가져다줄 것입니다.

579

당신은 리더 그리고 교사의 역할을 맡아
모범을 보이라는 안내를 받고 있습니다.
당신의 힘과 빛은 사람들에게 영감을 줍니다.

580

당신이 자신의 삶 속에서 일으킨
작은 변화가 세상에 큰 변화를 가져오고 있다는
사실을 알아두세요.
신이 당신의 노력에 감사해하고 있습니다.

581

당신이 여정 속에서 극복해온 많은 좌절들과
지금까지 경험해온 놀라운 변화들을
돌아보라고 천사들이 안내하고 있습니다.
당신은 기적적인 존재입니다.

582

당신은 인간관계가 일종의 여정과 같은 것이며,
관계 속에서 자기 자신을 더 깊이 알 수 있는
훌륭한 기회를 얻는다는 것을
상기하도록 인도받고 있습니다.

583

당신이 쏟고 있는 노력을 스스로 알아주라고
천사들이 격려하고 있습니다.
특히 다른 사람들이 당신을
과소평가하는 기분이 든다면
자기 자신과 자신이 하고 있는 일이
가치 있다는 것을 보여주세요.

584

방향을 안내해주는 천사가
지금 당신과 함께 있습니다.
이 천사는 자신의 길을 선택하라고,
그런 다음 당신도 거쳐야만 한다는 것을
잘 알고 있는 그 단계들을 밟아나가라고
격려하고 있습니다.

585

지구에서의 여정은 즐거워야 합니다.
당신이 하는 모든 일에
기쁨을 들여오세요.
그러면 기회와 풍요로 가는 길을
창조하게 됩니다.

당신이 하는 모든 일 속으로 빛을 들이라고
천사들이 안내하고 있습니다.
빛의 존재들이 항상
당신과 함께한다는 것을 기억하세요.
사랑 가득한 그들의 존재를 받아들이세요.

당신은 한 걸음 더 나아가
자신의 힘을 발휘할 기회의 여정을
다시 한번 걷고 있습니다.
지금은 당신의 목소리와 자신감을
되찾을 때입니다.

마치 불사조처럼,
당신은 강력한 변화와 전환의 시기를 겪고 있으며
한때 당신의 발목을 붙잡았던 것들 너머로
높이 날아오르고 있습니다.
날개를 펴고 날아오르세요.

당신의 최근 경험은
강력한 스승 역할을 해주었습니다.
당신은 이 경험을 통해
당신이 생각보다 자기 자신과
더 잘 연결되어 있다는 것을 상기하게 되었습니다.
지금은 자기 돌봄이 꼭 필요한 시기입니다.

590

당신이 마침내 영적인 길로 돌아온 것에 대해
신이 감사해하고 있습니다.
그렇긴 해도, 잠시 다른 길로 새는 것은
불가피한 일이었습니다.
그런 길을 걸어봐야만 진정한 자기 자신,
변화한 자기 자신에 대해
감사히 여기게 될 것이기 때문입니다.

591

당신의 인생 경험은
이 세상이 보고 배울 훌륭한 스승입니다.
당신이 줄 수 있는 최선의 것을
이 세상에 내어주는 일에 계속 집중하라고
천사들이 격려하고 있습니다.

592

당신은 당신의 여정에 영향을 주고,
당신의 성장을 강력하게 지원해줄 수 있는
사람들과 교제하고 있습니다.

593

현재 당신의 에너지가 업그레이드되고 있습니다.
연결되어 있지 않은 것은 아무것도 없다는 것을,
당신이 깊은 수준에서 연결되어 있다는 것을
아는 것이 중요합니다.

594

당신이 신성의 안내를 받을 수 있도록
천사들이 당신의
크라운 차크라crown chakra를 열고 있습니다.
영혼의 기억이 드러나고 있습니다.

차크라들이 수정처럼 맑은 빛에 동조되면서,
당신은 강력한 정보에 접근할 수 있게 되었습니다.
이러한 정보를 통해
당신은 더 높은 목적을 따르게 될 것입니다.

영적 근육이 회복되려면
회복을 위한 시간과 공간이 필요합니다.
이처럼 자기 완성(self-mastery)을 위해
열심히 노력하고 있는 당신에게도
가끔은 놀면서 즐길 수 있는
공간과 시간이 필요합니다.

597

현재 당신의 에너지는 자성을 띠고 있으며
강력한 천사들을 끌어당기고 있습니다.
이 천사들은 당신을
황금색 빛과 기회로 가득 채워주고 있습니다.

598

재능과 능력을 더 발전시키려는
당신의 노력이 인정받고 있습니다.
모든 기회의 문들이
지금 당신을 향해 열리고 있습니다.

599

당신은 지금 깊은 앎의 상태,
깊은 연결의 상태에 있습니다.
당신에게 다가오고 있는,
당신에게 흐르고 있는
그 신성한 지혜를 믿으세요.

600

신이 지금 당신의 에너지를 회복시키고 있습니다.
호흡하며 기운이 보충되는 것을 느껴보세요.

601

당신은 자신의 중심과 연결되라는
안내를 받고 있습니다.
스스로에게 정직하세요.
자기 자신을 참을성 있게 기다려주세요.
지금은 회복의 시기입니다.

602

우정과 인간관계를 위한
시간을 내는 것이 중요합니다.
다른 사람들을 만나면
많은 유익을 얻을 수 있을 것입니다.
당신에게는 베풀고 나눌 것이 많습니다.

603

지금은 심령적·영적 인식이 급증하는 시기입니다.
당신의 통찰력과 비전이
신성한 영감을 받은 것임을 알아두세요.
당신에게 들려오는 그 메시지를 믿으세요.

604

천사들이 당신의 에너지에
사랑의 에너지를 더해주고 있습니다.
충전과 보충의 시간을 갖는 것이 중요합니다.

605

풍요를 향한 길이 막히지는 않았지만,
이미 곁길로 새어버렸으니
현실적인 의도를 세울 필요가 있습니다.

606

당신의 비전, 목표, 목적, 재정을 신과 동조시키세요.
그러면 당신은 사랑의 힘,
사랑의 현현에 의해 살아가게 될 것입니다.

607

당신은 영혼의 힘과 신비에 동조되고 있습니다.
자신이 만물과 연결되어 있는 존재임을 떠올릴 때
경이의 감정이 솟구치는 것을 느껴보세요.

608

당신에게는 변화를 일으킬 기회가 있습니다.
새로운 비전을 그려보고
새로운 모험을 시작할 수 있는 기회가
주어지고 있다는 것을 알아두세요.

당신의 영혼이 현재
중요한 정보를 다운로드받고 있습니다.
잠시 고요히 있을 시간을 내어 당신에게 전달된
내면으로부터의 메시지를 받아보세요.
지금은 전생에 관한 정보를 얻거나
치유가 이루어질 수 있는 시기입니다.

당신의 에너지가 신의 목표
그리고 당신 영혼의 목표와 동조되고 있습니다.
당신은 옳은 일을 하고 있으며
올바른 길을 따르고 있습니다.

611

당신의 가슴과 영혼과 생명이
신성한 의식을 통해 확장되고 있습니다.
이 신성한 의식은 지금 존재하고 있고
앞으로도 존재할 모든 생명과 빛이
당신과 연결되어 있고 동조되어 있음을
아는 의식입니다.

612

스스럼없이 솔직하게 인간관계를 맺으라고
당신의 가슴이 요구하고 있습니다.
내면의 압박감을 내려놓으세요.

613

발전을 위해서는
자기 자신에게 정직할 필요가 있습니다.
잘 지내고 있는지 스스로에게 물어봐주세요.
건강하고 행복한 삶이나 자기 돌봄을
뒤로 미루고 있었다면 더 이상 그것들을
미루지 않는 것이 중요합니다.

614

앞으로 더 나아가기 전에
나 자신과 연결되는 시간,
나에게 무엇이 필요한지 숙고하는 시간을
가지라고 천사들이 제안하고 있습니다.
다른 일에 착수하기 전에
에너지를 먼저 보충하는 것이 중요합니다.

615

우주적인 에너지의 자연스러운 표현인 풍요는
자신의 가치를 인정할 수 있는 마음에 기반합니다.
천사들이 내면으로 깊이 들어가
당신이 풍요를 누릴 자격이 있는 사람이라는 것을
깨달으라고 격려하고 있습니다.

616

우주가 당신의 정신적·감정적 건강에
가장 좋은 것을 하도록 격려하고 있습니다.
나 자신을 위한 여유를 내세요.

617

과거라는 문을 닫기 전까지는
다음 문이 열리지 않습니다.
당신의 기쁨과 성장을 방해하는 모든 것들을
부드럽게 놓아버리라고
천사들이 격려하고 있습니다.

618

앞으로 더 나아가기 전에,
당신에게 기쁨과 즐거움을 가져다주는 것들을
가까이하라고 천사들이 격려하고 있습니다.
이들은 기쁨과 슬픔 중 하나를 선택해야 할 때
기쁨을 선택하라는 것을 특히 격려하고 있습니다.

619

당신은 어떤 행동을 하거나
'행동하지 않음(non-action)'으로써,
그리고 특정 선택을 함으로써
자신의 힘을 일깨울 수 있음을 상기받고 있습니다.
현 상황을 당신의 완전한 통제하에 두세요.
그러면 상황의 결과를 주도할 수 있습니다.

620

당신은 개인적인 영적 교감 문제를
이겨내고 있습니다.
신이 당신과 다시 관계를 맺게 되어
기뻐하고 있습니다.

621

나 자신과의 관계가 극적으로 개선되었습니다.
현재 당신은 스스로를 존중하는
기적적인 상태에 있습니다.
당신이 존중받을 자격이 있다는 사실을 아세요.

622

지금 당신의 개인적인 관계 안으로
조화와 균형이 스며들고 있습니다.
사랑을 막고 있던 모든 장애물이 사라지고 있습니다.

623

상승하는 기운,
앞으로 나아가는 기운이
당신 주변에 감돌고 있습니다.
의사소통과 이해를 가로막는
모든 장애물이 사라지고 있습니다.

624

당신의 천사 팀이 당신 곁으로
가까이 다가와 있습니다.
이들은 좋아하는 일을 하라고
당신을 격려하고 있습니다.
이제 날개를 펴고 높이 날아갈 때입니다.

천사들이 현재 직장이나 창작 과정에서
일어나는 일들을 통제하려는 마음을 내려놓으라고
조언하고 있습니다.
한 걸음 물러서면
하늘의 인도를 받아들일 수 있습니다.

천사들이 지금 이 시기에
최대한의 자기 돌봄을 실천하라고 안내하고 있습니다.
몸을 움직이고, 균형을 되찾는 활동들을 하고,
명확한 생각을 할 수 있도록 마음의 여유를 내세요.

근심, 걱정과 고통을 안겨줄 기회에는
"노"라고 말하라고 천사들이 격려하고 있습니다.
그러면 자기 자신과 자신의 성장에
"예스"라고 말할 수 있습니다.

628

행복을 경험하고 표현하는 것이
당신의 할 일임을
천사들이 상기시켜주고 있습니다.
당신은 자신을 환히 빛나게 하는,
가슴에 큰 기쁨을 불러일으키는 일을 하라는
안내를 받고 있습니다.

629

시간을 내어
자신의 에너지와 생각을 정리하고,
자신의 행복에 집중해주어 고맙습니다.
당신의 영혼은 지금
빛과 영감으로 가득 차 있습니다.
곧 그간의 노력에 대한
보상을 받게 될 것입니다.

630

언제나 최전선에 나가서
힘든 일을 할 필요는 없다는 것을
천사들이 상기시켜주고 있습니다.
스스로를 인정해주세요.
내적인 변화든 다른 사람들과 관련된 변화든,
최근에 당신이 일으킨 변화가
신을 기쁘게 하고 있습니다.
이러한 변화들이
신성의 계획에 부합한다는 것을 알아두세요.

631

지금 당신은 에너지의 동굴 속에 있습니다.
가슴 안으로 들어가 당신에게 드러난 정보들에
귀를 기울이는 것이 중요합니다.
기억하세요.
신성한 사랑은 항상 당신 안에 있습니다.

632

솔직하게 인간관계를 맺는다면
내적 진실과 균형의 감각이 돌아올 것입니다.
사람들을 기쁘게 해주려는 욕구는 내려놓고
당신의 진솔한 마음을 사람들과 나누세요.

633

상승 마스터들이 지금 당신의 에너지 시스템을
업그레이드하고 있습니다.
당신은 영적 비전이 명확해지고
영적 재능이 살아나는 것을 경험하고 있습니다.

634

당신이 시간을 내어 에너지 체계의
균형을 맞춘 것에 대해 천사들이
감사를 전하고 싶어합니다.
이로 인해 하늘나라 그리고 영적 영역들과
당신 사이의 연결이 강화되었습니다.

635

지금 천사들이 변화의 에너지를 통해
당신을 안내하고 있습니다.
당신은 기쁨에 더 가까이 다가가고
재능을 표현하는 데
꼭 필요한 결정이 무엇인지 알고 있습니다.
천사들이 그러한 결정을 내리도록
격려하고 있다는 것을 알아두세요.

636

나 자신이라는 집으로 돌아온 것을 환영합니다.
당신은 드디어 자기 자신과의
사랑 가득한 관계로 다시 돌아왔습니다.
천사들이 스스로를 수용하게 된 당신을 축하하며
당신 주변에서 춤을 추고 있습니다.

현실화를 바라는 당신의 기도와 의도가
하늘에 가닿았습니다.
이러한 기도와 의도에 대한 응답이
당신의 영혼과 세상의 최고선(highest good)에 부합하는
완벽한 시공간 순서에 따라
나타날 것임을 알아두세요.
천사들이 신뢰하고 인내하라며
당신을 격려하고 있습니다.

의식을 확장하고 더 높은 목적과 동조되는 것이
당신이 지구에서 겪고 있는 이 여정의 핵심입니다.
전생에서 또는 지금 생의 과거에 당신은
신 그리고 영과의 단절을 경험했습니다.
지금은 신 그리고 영과의 유대를 다시 쌓고
그것을 더 강화시킬 때입니다.

639

당신은 받아들임의 시간을 가져보라는
격려를 받고 있습니다.
앞으로 더 나아가기 전에
세상을 있는 그대로 받아들이면
가장 큰 연결감을 느끼게 되기도 합니다.

640

신성한 사랑을 경험하고 표현할 수 있도록
신과 천사들이 당신의 가슴과 에너지를
열어주고 있습니다.
당신은 당신의 존재라는 선물을
세상에 전하기 위해 여기 존재합니다.

641

당신의 재능을 과소평가하지 마세요.
당신은 이 세상에 전할
특별한 빛과 재능을 가지고 있습니다.
천사들이 당신과 함께하고 있으며,
당신을 격려하고 있습니다.

642

당신이 찾고 있는 답이 사실은
당신 안에 있다는 것을 알라고
천사들이 격려하고 있습니다.
밖에서 찾지 말고 내면으로 들어가세요.

643

내면에서 우러나온 것은 바르고 옳은 것입니다.
천사들이 내면에서 떠오른 메시지를
믿고 따르라고 격려하고 있습니다.

644

천사들이 당신의 가슴 차크라를 열어주고 있습니다.
이로써 당신은 천사, 영적 안내자
그리고 언제나 당신 곁을 지켜주는 조상들과
더 깊은 사랑, 연결을 경험할 수 있습니다.

645

미카엘 대천사와 라파엘 대천사가
지금 당신과 함께 있습니다.
당신이 보호받고 있으며
치유 에너지로 둘러싸여 있다는 사실을 알아두세요.

646

더 나아가기 전에 숨을 좀 고르면서
지금 나의 상황을 숙고해보는 시간을 가지라고
천사들이 격려하고 있습니다.
이들은 신중함과 인내심이 영의 특성임을
상기시켜주고 있습니다.

647

천사들이 앞으로 나아가라고 격려하고 있습니다.
타인의 허락을 구하지 마세요.
스스로 문제를 해결하세요.
당신은 기적의 순간을 목전에 두고 있습니다.

648

당신의 앞길이 빠른 속도로
매끄럽게 정리되고 있습니다.
모든 문제, 장애물, 걱정이 사라지고 있으니
동조된 느낌을 다시 느낄 수 있을 겁니다.

649

지금 당신에게 올라오는 감정들을 존중하라고
천사들이 격려하고 있습니다.
이러한 감정들은 실제로 당신의 영혼이
당신에게 보내는,
영혼의 성장에 관한 메시지입니다.

650

신은 당신이
자신의 영을 환히 밝히는 것과 동조되고,
바른 궤도에 오르는 데 필요한
모든 것들(해답과 기적들을 포함하여)을
내주고 있습니다.

651

대천사들이 당신이 지닌
의지의 힘을 상기시켜주고 있습니다.
내적 힘에 다시 연결되세요.
당신에게 내적 힘이 있다는 것을 아세요.
당신은 이미 많은 것들을 극복해왔고,
또 창조해왔습니다.

652

당신은 당신이 사랑하는 사람들
그리고 당신에게 어려움을 주는 사람들과의 관계
모두에서 내적 평화를 유지하라는
제안을 받고 있습니다.
누구를 만나든 그에게 천사가 되어줄 수 있는 능력이
당신 안에 내재되어 있다는 것을 알아두세요.

653

당신은 지금
자신의 재능과 에너지를 확장하는 중입니다.
어떤 문제에 부딪히거나
벽에 가로막힌 기분이 들더라도
그것이 당신의 진동수가 더 높아질 수 있도록
에너지를 재조정하는 과정일 뿐이라는 것을
알아두세요.

654

현 상황에 필요한 모든 변화를 통해
천사들이 당신을 돕고 있습니다.
삶 속에 새로운 어떤 것을
들일 만한 여유를 낸다는 것은
기적이 일어날 수 있는 조건을
갖추는 것과 같습니다.

655

당신은 풍요, 지원과 관련된
강력한 기회를 현실로 창조하고 있습니다.
당신이 지구에 나누었던 사랑이 되돌아와
당신의 삶을 축복하고 있습니다.

656

과거에 당신은 자신의 행복을 많이 희생했었습니다.
이제 더 이상 그럴 필요가 없다는 것을 알아두세요.
지금은 더욱더 사랑에 기반한 삶을 살아갈 때입니다.

657

당신의 가슴은 사랑과 관련한
많은 교훈들을 참을성 있게 배워왔습니다.
당신이 여기 존재하는 이유는
사랑을 찾기 위해서가 아니라
사랑이 내면에 있다는 것을 기억하기 위해서임을,
내면에서 사랑을 찾으면
외부 세계에서 그것을 나타낼 수 있다는 것을
천사들이 상기시켜주고 있습니다.

658

지금 당신의 에너지가
기회와 기쁨으로 향하는 많은 길들을
현실로 창조해내고 있습니다.
잘못된 선택은 없다는 것을 알아두세요.
당신이 어떤 선택을 내리고 어떤 행동을 하든,
그 모든 움직임들이
당신을 목적과 성취로 더 가까이 이끌어줍니다.

659

당신의 에너지가 확장되고 있습니다.
영적인 모든 것들이 훨씬 더 잘 인식되고 있습니다.
최근에 당신이 행한 행동과 내렸던 선택들은
사랑에 부합하는 것들입니다.
당신 내면에 있는 스승이
크고 분명한 목소리를 내고 있습니다.

660

신이 앞으로 더 나아가기 전에
충분히 생각해보라는 제안을 하고 있습니다.

661

당신이 죄인이 아니라는 것을,
이미 용서받았다는 것을
신이 알리고 싶어합니다.
이제 자신을 용서하세요.

662

현재 당신이 경험하고 있는 것은
나와 다른 입장에 있는 사람들에 대한
이해와 용서의 마음을 더 키우라는
교훈으로서 온 것입니다.
다른 사람을 향한 용서는
나 자신에게 자유라는 선물을 주는 것과 같습니다.

663

당신의 에너지에는 지금
참된 집중과 관심이 필요합니다.
에고의 거짓 약속이나 소망을 좇기보다는
당신을 기쁨으로 이끌어주는 길을
따르는 것이 중요합니다.

664

지금 당신 주변의 가까운 사람들에 대해
당신의 영혼이 뭐라고 말하고 있는지
귀를 기울이라고 천사들이 제안하고 있습니다.

665

당신은 이미 어떤 부분을
변화시킬 필요가 있는지 알고 있으며,
알고 있는 그것을
실행으로 옮기라는 격려를 받고 있습니다.
만약 변화하지 않는다면
당신이 최고선(highest good)과
자유를 향해 갈 수 없도록
발목을 잡는 문제가 생길 수도 있습니다.

멈추세요.
갑작스러운 결정을 내리지 마세요.
지금 당신의 에고가 통제권을 쥐고 있으며
이러한 상황이 당신을
고통과 두려움의 길로 이끌고 있습니다.
그렇긴 하지만, 당신은
자기 자신의 힘을 되찾을 수 있습니다.
신의 빛을 불러오세요.

당신은 지금 절망과 두려움의
이 어려운 시기에서 벗어나고 있습니다.
천사들이 당신을 인도하고 있음을 알아두세요.
당신 자신 그리고 자신의 빛과 재능을 믿으세요.

668

자기 돌봄과 친절을 계속 행하세요.
이러한 행위들이 당신의 앞길을
환하게 밝히고 있습니다.
그리고 이로 인해 모든 것이
더 가볍고 쉬워질 것입니다.

669

최악의 상황은 넘어갔다는 것을 알아두세요.
현재 당신은 진정한 자아로 돌아가는 중이며,
이제부터는 활력과 용기를 얻은 기분,
방향을 찾은 기분을 느낄 수 있을 겁니다.

670

지금 신이 당신을 힘과 빛으로 감싸고 있습니다.
현 상황에서 나올 수 있는 최선의 결과에만 집중하면
그것이 현실로 나타날 것입니다.
믿음을 가지세요.

671

희망의 에너지가
지금 당신을 감싸고 있습니다.
당신의 기도가 하늘에 가닿았다는 것을,
그에 대한 응답을 받았음을 믿으세요.
당신에게 필요한 해결책은
당신의 손안에 있으며
그것이 지금 당신에게 드러나고 있습니다.

672

당신의 생각과 의도가
삶의 흐름을 이끌고 있습니다.
당신이 더 성장하기 위해서는
주변 사람들에게 다정하게 다가가
그들에게 관심을 기울일
필요가 있다는 것을 알아두세요.

673

당신의 영이 길을 순탄하게 만들어주고
환히 밝혀주는 은총의 물결을 만들어내고 있습니다.
현실에 기적을 창조하는 당신의 여정이
완벽하게 펼쳐지고 있습니다.

674

천사들이 당신의 더 큰 그림의 일부로서
참여하기를 원하고 있지만 그들에게는
당신의 허락이 필요합니다.
천사들을 부르세요.
그리고 그들이 당신의 목적과 영혼의 확장을
도울 수 있도록 허용하세요.

675

당신이 겪어왔던, 그리고 지금도 기꺼이 겪고 있는
이러한 모든 변화들을 신과 천사들이 알고 있습니다.
가야 할 다음 단계가 지금 당신 앞에
드러나고 있다는 것을 알아두세요.
앞으로 힘들게 작업해야 할 것들이 있겠지만,
열심히 노력한다면 목표를 달성할 수 있습니다.

676

자기 삶의 목적에 더 깊이 연결되고
그것에 맞게 스스로를 다시 조정할 기회가 왔습니다.
과거에 당신이 열정을 가졌던 프로젝트에
점차 흥미가 떨어지고 있을 수도 있지만,
끝까지 포기하지 말라고 천사들이 격려하고 있습니다.
아직 끝내지 못한 일들을 마저 마무리하세요.

677

당신이 찾고 있는 그것이
지금 당신에게 주어지고 있습니다.
삶에 기적이 일어나고 있으며,
당신은 기도에 대한 응답을 받고 있습니다.
축복을 받아들이세요.

678

곧 당신의 내면과 커리어를
모두 성장시킬 수 있는 기회가 생깁니다.
집중하세요.
그리고 앞으로의
흥미진진한 여정을 준비하세요.
당신은 성공의 사다리를
한 단계 올라가고 있습니다.

679

현재 당신 앞에 나타난 기회는
당신의 상위 자아와 내면의 지혜에
부합하는 기회입니다.
당신이 도움을 받고 있다는 것을 알 수 있도록,
그리고 당신이 믿음의 도약을 할 수 있도록
천사들이 안내해주고 있습니다.

680

신은 당신이 최근에 집중하고 있는 것들과
당신이 최근에 내린 선택들을 지지하고 있습니다.
당신의 길은 사랑의 현현과 힘으로
축복받고 있습니다.
도움을 누리세요.

681

지금 당신에게 드러나고 있는
메시지, 패턴, 교훈들을 이해하는 시간을 가져보세요.
당신의 생각과 의도가
당신의 경험에 영향을 미친다는 것을 기억하세요.

682

이 여정이 '당신'의 여정이라는 것을
기억하라고 천사들이 격려하고 있습니다.
다른 사람에게 의존하지 마세요.
다른 사람들의 지원을 기다리지도 마세요.
꽤 긴 시간을 기다려야만 할 것입니다.
이것은 다른 누구의 꿈도 아닌 '당신'의 꿈입니다.
그러니 자신의 능력과 재능을 믿으세요.

683

당신은 과거에 저지른 실수나
당신이 빚었던 차질과 관련하여
스스로를 사랑해주고 이해해주라는
격려를 받고 있습니다.
당신은 그때 최선을 다했습니다.
이제 과거는 잊어버리고
새로운 이야기를 써보세요.

684

당신의 재능을 드러내고
그것이 미래의 강력한 한 부분이 될 수 있도록
허용하는 것이 중요합니다.
천사들이 당신을 돕고 있습니다.

685

변화는 나쁜 것이 아니라 축복입니다.
이 길을 걸으며
많은 변화를 경험하게 되리라는 것을 알아두라고
천사들이 격려하고 있습니다.
항상 당신에게 앞으로 나아갈
최선의 길이 드러날 것임을 믿으세요.

686

지금 당신이 배우고 있는 교훈은
실패가 아니라 자신의 길을
순탄하게 만들 수 있는 기회입니다.
하지만 더 나아가기 전에
현 상황을 해결하기 위해
최선을 다하는 것이 중요합니다.

687

지금의 상황에서는 교사/리더의 위치에 서야 한다고
천사들이 조언하고 있습니다.
당신이 다른 사람들에게 나눠줄 수 있는
메시지와 교훈은 당신 역시도
들을 필요가 있는 것들입니다.

688

당신의 길을 신과 천사들이 축복합니다.
황금 같은 기회가 당신에게 다가오고 있습니다.
기적을 기대해보세요.

689

가슴의 동굴로 돌아온 것을 환영합니다.
당신은 자신의 진정한 자아와 다시 만났습니다.
진정한 당신은 사랑입니다.

690

당신이 일궈낸 당신의 현 모습을
신이 자랑스러워하고 있습니다.
다시 한번 자기 자신을 믿어주어 고맙습니다.

691

자신의 성장과 영혼을 향한
당신의 헌신이 인정받고 있습니다.
자기 자신을 더 깊이 알게 될수록
신과 천사들에 대해서도 더 깊이 알게 되기 때문에
이러한 헌신은 중요합니다.

692

새로운 관계를 맺게 되거나
현재의 관계에 다시 불이 붙음으로써
새로운 사랑의 느낌을 경험할 기회가 왔습니다.
어느 쪽이 되었든
지금이 사랑의 시기라는 것을 알아두세요.

사랑을 주고받을 수 있는 능력은
자신이 사랑받을 자격이 있다는 앎에 기반합니다.
당신은 그럴 자격이 있습니다.
사랑은 당신의 것입니다.
사랑은 당신이 신으로부터 전해 받은
귀중한 유산입니다.

천사들은 당신이 종종 시간을 내어
자신들과 소통하고,
또 자신들의 메시지를 받는 것에 대해
감사하고 있습니다.
지금 내면에서 어떤 메시지가 느껴진다면
그것은 천사들에게서 영감을 받은 메시지입니다.

695

우주는 당신의 의식 수준
그리고 성장을 향한 노력 수준에 따라
당신의 길을 계획하고 있습니다.
당신이 감당할 수 없는 일은
애초에 일어나지도 않는다는 사실을 알아두세요.
불가능을 가능으로 만드는 당신의 의지
그리고 그 의지가 지닌 놀라운 힘에 다시 연결되세요.

696

삶의 흐름을 믿어보라고 천사들이 격려하고 있습니다.
특히나 최근에 일의 진행 속도가
굼떠졌다고 느낀다면 더더욱 그래야 합니다.
바쁘게 지내야 한다는 생각을 내려놓으세요.
많으면 많을수록 좋은 게 아니라,
적으면 적을수록 좋을 수도 있다는 것을 기억하세요.

697

더 발전하고 자존감을 키우려는
당신의 노력으로 인해 당신의 꿈, 염원, 목표가
지금 빠르게 현실화되고 있습니다.
이 축복을 마음껏 누리세요.
이러한 결과들은 당신이 강력하고 아름다우며
가치 있는 영혼이라는 것을 상기시켜줍니다.

698

여정의 속도가 빨라지기 시작했습니다.
당신이 찾아 헤매던 다음 단계가
당신 앞에 드러나고 있습니다.
신성의 계획을 믿어주어 고맙습니다.

699

당신 내면의 불성佛性이 지금 활성화되고 있습니다.
깨우쳐진 생각 혹은 비전이 떠오른다면
그것은 영혼의 기억으로부터 내려받은 영감이므로
믿어도 좋습니다.

700

이 길을 걷고 있는 당신의 모든 순간을
신이 함께하고 있으며
신이 당신 편이라는 것을 알아두세요.
당신에게 필요한 기적은 이미 당신 안에 있습니다.
세상을 환히 밝힐 수 있는 당신의 힘을 믿으세요.

701

지금 당신 주변으로
현실 창조의 에너지와 의도가 매우 강력합니다.
자신의 길에만 집중하세요.

702

신이 당신의 관계를 돕고 있습니다.
이 시기에 사랑하는 사람들과
더 가까워질 기회가 있다는 것을 알아두세요.

703

미래에 관한 당신의 비전이
당신 앞에 빠르게 펼쳐지고 있음을 아세요.
열의를 갖고 최상의 결과에만 집중하라고
신성의 지혜가 격려하고 있습니다.

704

천사들의 존재와 메시지가
당신 주변에서 물리적 현실로 나타나고 있습니다.
눈을 뜨고 마음을 열어 사물을
다른 관점으로 바라보세요.
천사들이 당신을 돕고 있다는 것을 알아차리세요.

705

당신은 지금 별들의 에너지를 받고 있으며
목표를 전보다 더 높게 잡으라는
격려를 받고 있습니다.

706

삶 속에서 감정적으로 진이 빠지는 상황들을
정리해나가면 기적을 현실로 창조할 수 있는
능력이 발휘될 것입니다.
당신의 힘을 되찾으세요.

707

신이 당신의 기도를 들었습니다.
당신이 최고의 선(highest goodness)과 진리에 동조되는 데
필요한 기적이 지금 다가오고 있음을
신이 알려주고 싶어합니다.
이러한 마법 같은 상황들을 즐겨보세요.

708

당신의 몸과 삶을 지키고 책임져야 하는 사람은
바로 당신입니다.
상황 속에서 희생자가 되지 말라고,
당신의 생각, 의도, 행동을
앞으로 당신에게 도움이 될 에너지와 동조시키라고
천사들이 상기시켜주고 있습니다.

709

지금 겪고 있는 경험은 당신의 영혼이 창조한 것이며,
이러한 경험이 영혼의 성장에 도움이 됩니다.
새로운 기회와 새로운 길을 향해 마음을 열어보세요.

710

신의 힘은 당신 안에 있습니다.
지금 당신을 위한 영적 경험이 펼쳐지고 있으며
이러한 경험이
세상 속에서의 당신의 성장을 돕습니다.

711

당신의 노력과 모험을
우주가 전적으로 지지하고 있습니다.
하나됨(oneness)의 힘이
당신의 가슴에 들어오고 있으며
이 힘이 당신의 삶에 근본적인 변화가
일어날 수 있도록 돕고 있습니다.
이러한 변화가 결국
세상의 성장과 치유를 부드럽게 도울 것입니다.

712

가까운 사람들과의 관계가 중요합니다.
현재 맺고 있는 인간관계와 직장에
빛을 가져다주는 것을 잊지 마세요.
당신이 배우고 가르치는 교훈은
당신 자신의 삶 속에서부터 시작되어야 합니다.

상승하는 기운, 앞으로 나아가는 기운이
지금 당신 주변에 감돌고 있습니다.
작은 동시성이 더 큰 기적으로 이어질 것입니다.
당신의 믿음이 결실을 보고 있으며
천사들이 이 긍정성에 동조된 상태를 유지하라고
조언하고 있습니다.

천사들이 앞으로의 여정에서
당신을 기꺼이 도울 것입니다.
모든 세부적인 것들을
미리 해결할 필요는 없다는 것을
천사들이 지금 상기시켜주고 있습니다.
필요한 모든 도움을 요청하면
앞으로 나아갈 길이 드러날 것입니다.

715

당신이 최근 겪은 기적과 현실 창조의 경험을
천사들이 축하해주고 있습니다.
지금 경험하고 있는 모든 것은
당신이 우주의 창조적 힘과 연결되어 있다는 것을
상기시켜줍니다.

716

당신이 활력을 되찾고 연결감을 느낄 수 있도록
천사들이 돕고 있습니다.
당신이 나아가야 할 다음 단계에서는
많은 집중과 노력이 요구되기 때문에
이러한 에너지 보충이 필요합니다.
폭풍이 오기 전에 대기가 고요하듯이,
지금도 그런 때입니다.

717

잠들어 있던 당신의 신비로운 힘이
깨어나고 있습니다.
지금 당신은 꿈을 현실화할 수 있는
마법의 포털에 들어와 있습니다.
마법과도 같은 큰 변화를 만들어내고 싶다면
지고한 생각, 느낌과 동조된 상태를 유지하세요.

718

이 길에서 여태까지 경험했던
축복과 기적에 집중하는 시간을 가지면
그보다 더 많은 것들까지도 창조할 수 있는
자기적인(magnetic) 상태가 될 것입니다.
지금은 축복을 받을 시간이며,
축복은 당신의 삶에 이미 존재하는 사랑을
보는 것에서부터 시작됩니다.

자신의 힘을 두려워하지 마세요.
당신은 우주의 힘을 충전받고 있으며
그것과 연결되어 있습니다.
신은 당신과 함께, 그리고 당신 안에 있습니다.
자신의 재능을 나누는 일은
두려워해야 할 일이 아니라
오히려 축하해야 할 일이라는 것을
신이 상기시켜주고 있습니다.

지금 신과 천사들이
당신의 삶과 인간관계를 지켜보고 있습니다.
사랑하는 사람들과 함께
목표와 염원을 세우는 것이 중요합니다.
그러면 존중받고 있다는 느낌,
당신이 그리고 있는
큰 그림의 일부가 되었다는 느낌을
그들이 가질 수 있으니까요.

당신은 지금 우주와의 관계를 구축하고 있습니다.
이전에는 신성과 단절되었다고 느꼈을지 모르지만,
이제 당신은 자신이 사랑받고 있다는 것을
진정으로 알고 있습니다.

당신은 여정의 매우 중요한 지점에 와 있습니다.
당신에게 도움을 받을
자격이 있다는 것을 기억하세요.
자신이 그럴 만한 가치가 있다는 생각에 집중하면
나 자신을 나타내고 나의 목소리를 낼 수 있는
좋은 기회가 생길 것입니다.
현실 창조의 천사들을 부르면
이들이 기꺼이 당신을 도와줄 것입니다.

상승하는 기운,
앞으로 나아가는 기운이
지금 당신 주변에 감돌고 있습니다.
그러나 자신이 얼마나 성공했는지
하나하나 따져보려는 마음을 놓아버리고,
당신이 지구에 가져다줄 수 있는 축복에
더 집중하는 것이 중요합니다.
작은 발걸음이라 할지라도
여전히 의미가 있습니다.
천사들이 당신과 함께하고 있다는 것을
알아두세요!

지금은 사람들과
존중을 주고받는 시기입니다.
천사들이 당신에게서
사랑과 위대함의 불꽃을 본다는 사실을
알아두세요.

725

천사들이 당신의 영을 불러일으키라고
격려하고 있습니다.
길들여지지 않은 날것 그대로의 자아를
주저하지 말고 드러내세요.
생명의 신성한 리듬에 맞춰 춤을 추세요.

726

당신이 어떤 사람들을
주변에 두고 있으며,
또 어떤 사람들을
최측근으로 두고 있는지를 검토해보면
여정이 훨씬 더 순조로워질 것입니다.
누구를 신뢰하면 좋을지에 대한
안내를 요청하고 직관을 따르세요.

727

당신은 마법사이자 사제(혹은 여사제)이자
차원과 차원을 연결해주는 이입니다.
하늘의 힘과 현존이 지금 당신과 함께,
그리고 당신 안에 있습니다.

728

맨 처음의 의도에 더 잘 부합할 수 있도록
길의 방향을 약간 틀 수 있는 기회가 왔습니다.
맨 처음에 어떤 소망을 가졌었는지 상기해보세요.
그런 다음 현 상황을 평가해보고
변화가 필요하다면 변화를 만드세요.

729

앞으로의 길을 알고 싶다면
신과 영에 대한 신뢰가 필수입니다.
의심을 내려놓고 믿음을 가지세요.

지금 당신이 겪고 있는 경험이
당신의 주변 사람들에게
그들의 가능성을 보여주고 있습니다.
삶에 계속해서 축복의 파도가 넘실대게 하려면
차분하게 중심을 잘 잡는 것이 중요합니다.

상승 마스터들이 자기 완성(self-mastery)을 향한
당신의 여정을 빛으로 축복하고 있습니다.
참된 자아를 향해 나아가세요.
어둠에 굴하지 마세요. 빛은 당신 안에 있습니다.

732

천사들이 치유를 위해 용서하라고
격려하고 있습니다.
모든 것 안에서 빛을 보세요.
당신이 사랑과 연결되면
당신의 사랑이 닿지 않는 곳이 없다는 것을
기억하세요.

733

예수님과 성령께서
당신을 빛으로 축복하고 있습니다.
영이 당신을 지켜주고 있습니다.
사랑을 표현하면 기적은 자연스럽게 따라옵니다.
사랑이 실재한다는 것을 아세요.

734

당신의 천사 팀이 강력한 다운로드를 통해
현 상황에 대한 이해를 포함한 진실들을
드러내주고 있습니다.
천상에서, 그리고 아스트랄계에서 내려온
이 깊은 통찰들을
내면에서 깨워내는 시간을 가져보세요.

735

무한한 풍요를 경험할 때가 왔습니다.
당신의 길을 막고 있는 모든 장애물이
지금 사라지고 있으며
영적인 도움이 점점 더 많이 다가오고 있습니다.
당신에게 다가오는 모든 변화를
받아들이는 것이 중요합니다.

736

당신은 외부의 심령적 영향으로부터
스스로를 보호하는 방법을 업그레이드하라는
안내를 받고 있습니다.
자신의 에너지와 정서 상태를
돌보는 것이 중요합니다.
당신을 과거에 매여 있게 하는
에너지적 코드를 끊어내고
천상의 지고한 보호를 요청하세요.

737

천사들이 침착하게 자신의 중심을 유지하라고
격려하고 있습니다.
자신과 타인의 선량한 마음을 신뢰해보세요.
빛에 집중하세요.
빛에 연결되면 축복을 불러오고
꿈을 현실로 만들 수 있습니다.

당신은 하늘을 믿어보라는,
당신이 안전하다는 것을 알아두라는
안내를 받고 있습니다.
천사들은 언제나 당신과 함께하고 있으며
지금 이 순간에도 당신 곁에 있습니다.
천국으로 가는 길에 대한 걱정을 내려놓으면
그 길이 알아서 펼쳐질 것입니다.

지금 당신의 가슴이 깨어나고 있습니다.
신성한 여성성의 마스터들이 성스러운 사랑을
기꺼이 맞아들이라며 당신을 격려하고 있습니다.
균형 있게 주고받는 것에 대한 중요한 교훈이
당신에게 다가오고 있습니다.

740

신과 천사들이 이 시기에는
지구와 연결될 필요가 있다고 말하고 있습니다.
그라운딩이 잘 되면 자신의 여정에 관한
중요한 정보를 알게 될 것입니다.

741

천사들은 자신들이 당신을 바라보듯,
당신이 스스로를 다정한 사랑의 눈길로
바라볼 수 있도록 돕고 있습니다.
당신은 많은 오래된 두려움들을 극복했으며,
자존감에 관한 많은 문제들을 극복했습니다.
당신이 새롭게 일궈낸 지금의 자존감이
봉사하고자 하는 마음을 내게 해줄 것이며,
봉사하는 동안 봉사받을 수 있는
기회도 만들어낼 것입니다.

742

지금 더 높은 배움이 다가오고 있다는 것을 믿으라고
천사들이 격려하고 있습니다.
이전에 겪은 경험들이 당신에게
훌륭한 스승 역할을 해주었다는 것을
아는 것이 중요합니다.
더 많은 내면 공부가 필요한 때가 왔습니다.

743

숨겨져 있던 혹은 잊고 있던
나 자신의 측면과 재능을 재발견할 때입니다.
지금 당신 곁에 가까이 다가와 있는
수호천사는 당신이 내면 깊숙이 들어가
자기 자신을 설렘과 호기심의 눈빛으로
바라볼 수 있도록 돕고 있습니다.

744

천사들이 영적인 풍요로
당신의 길을 축복하고 있습니다.
안정성, 충분한 소유 또는 평안한 삶에 대한
이전의 모든 걱정들이 지금 해소되고 있습니다.
기회의 문이 열리고 있으며
수입도 증가하고 있습니다.

745

당신이 진정한 자기 자신으로서 존재할 때
안전함을 느낄 수 있도록
미카엘 대천사가 돕고 있습니다.
머뭇거리지 마세요.
지금은 두려워하고 있을 때가 아니라
오히려 진정한 나 자신이 된 것을 축하할 때니까요.
천사들이 당신의 깊은 자기 수용을
함께 축하해주고 있습니다.

746

천사들이 열의를 가지라고,
움직이라고 격려하고 있습니다.
지금은 주저하기보다는
앞으로 나아가야 할 때입니다.
에고가 상황을 주도하게끔 놔두지 마세요.
당신의 영과 천사 팀이
길을 밝혀줄 수 있도록 하세요.

747

지금은 높이 날아오를 때입니다.
그러니 날개를 활짝 펴고 자유로워지기 위해
표현해야 할 모든 것들을 다 표현하세요.
천사들이 당신과 함께 날고 있으며,
이들은 당신의 더 큰 그림의
일부가 되고 싶어합니다.

748

당신은 지금 축복받고 있습니다.
당신은 자신의 과거와 화해했습니다.
이러한 훌륭한 존재 방식이
당신의 영에 불을 붙이고 있으며,
진동수를 높이고
상승에 한 걸음 더 가까이 다가갈 수 있는 길을
창조해내고 있습니다.

749

믿음의 도약을 하라고
천사들이 격려하고 있습니다.
당신에게는 강력한 배움의 기회가 있으며,
당신이 내면에 지니고 있는 신뢰가
자기 자신과의 더 깊은 연결로
당신을 이끌어주리라는 사실을 아는 것이
중요합니다.

750

신이 당신의 소원을 들어주고 있으며
당신의 기도에 묵시적으로 응답하고 있습니다.
더 이상 요청하지 않아도 됩니다.
그저 요청했던 것을 받기 위한 시간만 내면 됩니다.

751

당신에게 주어진 교훈은
당신 스스로 창조해낸 것입니다.
당신이 자기 사랑과 자기 수용을 향해
나아갈 수 있도록 천사들이 격려하고 있습니다.
당신은 이 두 가지를 통해
모든 장애물을 없앨 수 있을 것이며,
앞으로 나아가는 데 필요한 답을
마음속에서 찾을 수 있을 것입니다.

당신이 맺고 있는 인간관계가
당신에게 강력한 교훈이 될 것입니다.
현 상황 속에서 마음에 부담이 되는 것이 있다면
지금 그것을 해소하는 시간을 가져보세요.
상대에게 사랑의 마음으로 말하세요.
그리고 상대방이 당신의 이야기를
잘 듣고 이해했는지 확인하세요.
천사들이 당신을 도울 수 있도록 허용하세요.

당신은 지금 오래된 카르마를 해소하는 중이며,
더 이상 쓸모없어진 과거의 배움들을
놓아버리는 중입니다.
나와 타인의 드라마에서 벗어나겠다고 선택하세요.
지금은 나만의 길을 창조하고 그것을
체계화할 수 있는 시기입니다.
당신의 삶 속에 긍정적인 에너지와 경험이
들어올 수 있도록 여유를 내세요.

신성한 질서를 당신의 삶 속으로
들여오는 데 필요한 변화를 일으키라고
천사들이 격려하고 있습니다.
옳다는 느낌이 드는 일을 하세요.
중요한 교훈이 당신 앞에 펼쳐지고 있습니다.

스타게이트˚가 열렸습니다.
당신은 지금 더 큰 우주적인 연결과 기회의
시작점에 서 있습니다.
당신의 생각은 매우 강력하며, 자성을 띠고 있습니다.
지금 일어나고 있는 변화는 당신의 의지와
신성한 질서에 완벽하게 일치합니다.

˚ stargate. 가상의 포털 장치. 이 포털로 들어가면 몇 광년씩 떨어진 다른
위치로 즉각 이동할 수 있다. 역주

756

자신이 무엇을 열망하는지 생각해보고
목표를 높게 잡으라고
천사들이 격려하고 있습니다.
최상의 결과에만 의식을 집중하면
그 집중된 의도가
당신을 위한 강력한 현실을
창조해낼 것입니다.

757

최고의 삶을 살기 위한 그간의 노력에 대한 결실로
당신의 의식과 영혼이 확장되고 있습니다.
당신은 이제 만물과의 연결을 이해하기 시작했으며,
현재 삶이 당신에게 가르쳐주고 있는 교훈을
이해하기 시작했습니다.

758

당신은 진실의 길을 걷기 위해 여기 존재합니다.
이제 강경한 태도를 보여야 할 때입니다.
목적에 의식을 집중하면 지지받는 기분을
느끼는 데 도움이 될 것입니다.
박해에 대한 오래된 두려움을 떨쳐버리고
당신의 진실을 말하세요.
그러면 앞으로 나아갈 수 있는
기회가 열릴 것입니다.

759

당신은 오래된 에너지,
즉 납을 황금으로 변성시키는
신성한 연금술을 행하는 중입니다.
당신은 케케묵은 이야기와 여러 문제들을 넘어
힘과 긍정의 상태로 나아가고 있습니다.

760

신이 속도를 늦추라는 천사들의 말에
귀를 기울이라고 조언하고 있습니다.
지금은 침착해야 할 때이자
자신의 모든 행동에 주의를 기울여야 할 때입니다.
자신이 정말로 진실과 동조된 상태인지 확인하세요.
그리고 내 주변 사람들을 포함하여
내가 내린 결정에 영향을 받을 수 있는
모든 사람들을 고려하세요.

761

천사들이 다음 단계로 나아가기 전에
자기 자신에게로 주의를 돌리라고
격려하고 있습니다.
천사들이 기꺼이 당신의 앞길을 밝혀줄 수 있으려면
먼저 자기 자신에게 솔직해질 필요가 있습니다.

주변 사람들을 향한 당신의 헌신과 보살핌을
하늘이 인정하고 있습니다.
지금 당신은 다른 사람들에게 봉사하며 치렀던
그 모든 희생에 대한 감사를 받고 있습니다.
이제 다른 사람들의 도움을 받아
'당신'의 의지와 꿈을 이룰 차례입니다.

당신은 지금 자신의 생명력과 동조된 상태입니다.
열정을 표출하세요.
당신의 몸 안에서 일어나는
강력한 성 에너지에 대해서는
걱정하지 않아도 됩니다.
이는 창조적 자아에 불이 타오르고 있기에
나타나는 현상입니다.

764

이 시기에는 오라와 차크라 시스템에
에너지를 보충하는 시간을 가지라고
천사들이 권유하고 있습니다.
에너지가 없는 느낌이 들 수도 있지만,
그렇다고 낙담하거나 멈춰 서버리지는 마세요.
열정적으로 앞으로 나아가기 전에
에너지를 회복하는 시간을 가지세요.

765

당신의 재정 상황, 경제적인 안정성 등을
천사들이 개선해주고 있습니다.
풍요를 경험시켜줄 기쁜 소식을 기대해보세요.

천사들과 상승 마스터들이
당신 내면의 빛을 그 어느 때보다도
더 환하게 밝히라고 응원하고 있습니다.
당신이 태생적으로 가지고 온 이 빛을
그 어떤 것도 막아설 수 없도록 하세요.
지금 당신 마음속에서
내적인 안내가 울려 퍼지고 있습니다.
귀를 기울여보세요!

지금은 믿음을 가지고 번영을 이룰 때입니다.
당신의 재능이 발현되고 있으며,
당신 곁의 천사들도 밝게 빛날 수 있는
당신의 능력에 감명을 받고 있습니다.
최고의 배움 중 어떤 것들은
다른 이들의 스승이 됨으로써만
배울 수 있다는 것을 알아두세요.
이제 당신의 지식을 세상과 공유할 때입니다.

새로운 가능성을 향해 마음과 가슴을 열라고
천사들이 격려하고 있습니다.
행복과 빛으로 향하는 길은 수없이 많습니다.
도움이 되는 정보 그리고 치유가
지금 당신 앞에 나타나고 있습니다.
시야를 넓혀보세요.

열정에 불을 붙이기 위해서는
자신의 감정과 연결되어야 합니다.
야성적이고 날것 그대로인,
길들여지지 않은 나의 모습들과 연결되면
강력한 현실 창조가 일어날 것입니다.
당신 안에 잠들어 있는
진정한 본성의 모든 측면들을
드러낼 때가 왔습니다.

신이 "예스"라고 말하고 있습니다.
그대로 가세요. 앞으로 나아가세요. 행동하세요.

기적을 받아들일 마음의 준비가 되었으니
이제는 자신이 진정으로 원하는 것이 무엇인지
생각해보고 그것을 솔직하게 인정할 때입니다.
지금 필요한 건 오직 당신 마음의 명료함뿐입니다.

온전히 집중하는 상태로 인간관계를 맺으세요.
이 시기 동안에는 열린 마음으로
지금 이 순간에 현존해야 합니다.
관계라는 것은 주고받는 것입니다.
천사들은 당신이 정신을 분산시키는 것들과
조금 더 거리를 두고, 삶 속의 유의미한 경험들에
더 집중하기를 바라고 있습니다.

지금 당신을 가로막고 있는 것들은
알고 보면 그저 당신 스스로 만들어낸
걱정과 두려움일 뿐입니다.
자신의 힘과 빛을 두려워하지 마세요.
용기를 가지세요. 솔직해지세요.
그리고 상황을 진두지휘하세요.
당신 안의 전사가 깨어납니다!

살면서 우선으로 삼아야 할 것들이
무엇인지를 알 수 있도록
천사들이 돕고 있습니다.
지금은 낡은 껍질을 벗고,
당신의 빛과 영혼을 고갈시키는 것들을
내버려야 할 때입니다.

지금 방향성의 천사들이 당신을 에워싸고 있으며,
당신이 장차 어느 길로 나아가야 할지
감지할 수 있도록 도와주고 있습니다.
이들은 자신들이 당신을 이끌어줄 수 있도록
당신이 의식을 집중하기만을 기다리고 있습니다.
이들의 안내에 집중하고 귀를 기울이세요.

천사들이 조금만 더 참아보라고
격려하고 있습니다.
이들은 당신이 바라던 기적이
코앞에 다가왔다는 사실을
당신에게 알려주고 싶어합니다.
숨을 좀 돌리세요.

현재 당신이 지닌 마법의 힘과
현실 창조 능력이 커지고 있습니다.
내면의 초능력을 활용하세요.
당신이 지닌 마법의 힘을 이 세상에 펼쳐보세요.

현 상황 너머를 보라고,
모든 것에는 어떤 목적이 있다는 것을 믿으라고
천사들이 격려하고 있습니다.
모든 일이 당신을 선과 진리에 동조시키기 위한
계획대로 일어나고 있습니다.

사랑의 천사들이 지금 당신을 둘러싸고 있으며,
가슴을 열라고 안내하고 있습니다.
지금은 사랑을 주고받을 때입니다.
사랑을 받아들이고, 또 내보내세요!

당신이 현재 겪고 있는 여정과 배우고 있는 교훈은
당신의 계보에 관한 것입니다.
신은 당신이 겪은 가족들과의 경험 이면에
어떤 이유가 있음을 상기시키고 있으며,
오래된 패턴이 치유될 수 있도록
가족 문제 혹은 가족의 상처를 직면하라고
당신에게 요청하고 있습니다.

지금 걷고 있는 이 길 속에서
당신이 한 기여를 생각해보라고
천사들이 제안하고 있습니다.
당신이 없었더라면 당신이 경험하고 있는
이 상황도 지금과 같지 않았을 것입니다.
당신이 세상에 가져다주고 있는
빛과 재능을 인식하는 것이 중요합니다.

현재의 관계는 당신에게 가치가 있는 경험입니다.
지금은 관계를 다음 단계로
발전시키는 것이 중요하며,
이를 통해 더 깊고 직관적인 사랑을
경험할 수 있습니다.

당신이 겪고 있는 문제는 사실 문제가 아니라
어둠과 고비를 딛고 일어설 수 있는
당신의 능력을 인식할 기회입니다.
지금 당신 내면의 빛이 그 어느 때보다도 밝으며,
회복탄력성 또한 그 어느 때보다도 더 강합니다.

현재 당신이 어느 방향으로
나아가고 있는지를 이해할 수 있도록
천사들이 도와주고 있습니다.
적절한 때가 되면
모든 것이 드러나리라는 것을 믿으세요.
그 전까지는 당신의 창의력과 재능을
계속 표출하세요.

당신이 충만한 삶,
즐거운 삶을 살기 위해 태어난 사람이라는 것을
천사들이 상기시켜주고 있습니다.
당신의 기쁨을 방해하는 모든 것들을
내버리는 시간을 가지세요.
그리고 당신에게 행복을 가져다주는 것에만
집중하세요.

786

천사들이 "노"라는 말의 힘을
상기시켜주고 있습니다.
당신을 진 빠지게 하고 힘들게 하는 에너지에 대해
"노"라고 대답하는 것은
곧 기적이 현실로 창조될 수 있는
여건을 만드는 것과 같습니다.

787

지구상의 변화와 치유를
더 크게 촉진시킬 수 있도록
당신의 에너지가
강력하게 업그레이드되고 있습니다.
우주에는 당신과 당신이 지닌 재능이 필요합니다.
당신이 그 재능을 가지고
앞으로 나아갈 준비가 되어 있다는 것에 대해
우주가 감사해하고 있습니다.

788

지금 일어나고 있는 동시성은
당신 가슴에 있는 자력(magnetic power)이
반영된 것입니다.
당신은 무슨 일이든 다 이룰 수 있습니다.
그러니 가슴속 가장 깊은 소망과 연결되세요.
그것이 당신의 발전에 도움이 되는 소망이라면
즉시 실현될 것입니다.

789

당신에게 큰 영적 변화가 일어나고 있습니다.
지금은 당신의 가장 큰 두려움을 완전히 극복하고,
어둠을 정면으로 마주할 때입니다.
당신에게 날아오를 기회가 찾아왔지만,
이 기회를 제대로 활용하기 위해서는
자신의 가장 어두운 그림자를 정복하겠다는
의지가 있어야만 합니다.

790

지금 당신의 내적 힘에 불이 붙었습니다.
일체로 돌아가세요.
신이 당신의 삶을 지탱해주고 있으며
당신이 가는 길을 돕고 있다는 것을 알아두세요.
천국과 마찬가지로,
당신이 찾고 있는 모든 힘이
당신 안에 있다는 것을 기억하세요.

791

당신은 신성의 계획과 일치하는 삶을
살고 있습니다.
모든 일이 계획대로 정확하게
일어나고 있음을 믿으세요.

792

당신은 날아오르라는,
자기 내면의 힘을 존중하라는 촉구를 받고 있습니다.
우주가 초월을 향한 길을 보여줌으로써
당신을 돕고 있습니다.
당신에게 주어진 것을 믿고 앞으로 나아가세요.

793

당신의 목표와 열망을 현실화하려면
더 많은 시간, 인내, 에너지, 노력이 필요합니다.
기도, 명상, 영적 연결에 더 많은 시간을 투자하세요.
그러면 결실을 볼 수 있을 겁니다.

794

당신이 받고 있는 사인과 메시지들은
천사들이 자신의 존재를 상기시키기 위해
보내는 것입니다.
당신은 이 길을 혼자 걷고 있지 않습니다.

당신은 당신이 거쳐야 할 다음 단계에 관한
강력한 심령적 통찰들을 내려받고 있습니다.
당신이 자신의 최고선(highest good)에 동조되려면
무엇이 필요한지를 우주는 정확하게 알고 있습니다.

천사들이 한 번에 한 걸음씩만 나아가라고
조언하고 있습니다.
앞으로 더 나아가기 전에 자연과 교감하고
신선한 공기를 마시면서 에너지를 충전하세요.

지금 내 안에서 느껴지는 감정을 믿으세요.
이러한 감정들은 당신에게 있어,
그리고 당신이 가는 길에 있어
가장 중요한 것이 무엇인지 알 수 있도록 해줍니다.

798

내가 옳은 일을 하고 있는 게 맞는지,
혹은 올바른 길을 가고 있는 게 맞는지 궁금한가요?
이러한 걱정은 당신을 주저하게 만들려는
에고의 수작이니 그냥 놓아버리세요.
당신은 목적을 가지고 빛을 따라 살아가고 있으며,
천사들은 이런 당신에게 감사하고 있습니다.

799

당신이 영과 연결되어 있음을 아세요.
지금 당신이 지닌 영매로서의 능력과
영적 연결이 급속도로 강해지고 있습니다.

800

당신은 목적이 있는 삶을 살라는
부름을 받고 있습니다.
신께서는 당신의 삶 속으로
더 깊이 들어갈 수 있기를 바라고 계십니다.
다음 단계로 나아갈 준비가 되었다면
의도를 분명히 세우세요.
그러면 다음 단계가 당신 앞에 나타날 것입니다.

801

천사들이 자신의 길에만 집중하고 다른 사람에 대한
걱정은 내려놓으라고 안내하고 있습니다.

802

어떻게 하면 지금 이 순간에 현존하면서
인간관계를 맺을 수 있을지
생각해보는 시간을 가진다면
당신이 나아갈 길도 분명해질 것입니다.

803

당신이 최근에 잡은 그 기회는
영적 성장에 도움이 될, 매우 중요한 기회입니다.

804

당신이 이 세상에 베풀 수 있는 가장 큰 재능은
당신의 내적 진실, 그리고 기꺼이 사람들과
진심을 나누려는 마음이라는 것을 기억하라고
천사들이 격려하고 있습니다.

805

당신의 여린 마음(vulnerability)이
당신에게 유리한 쪽으로 작용하고 있습니다.
신과 천사들을 믿으세요.
그리고 당신의 길이
아름답게 펼쳐지고 있다는 것을 알아두세요.

806

마음 챙김의 상태로 들어가세요.
한 발 한 발 유의하며 앞으로 나아가세요.
지금은 상냥함이
나 자신과 연결될 수 있는 열쇠입니다.

807

당신이 표현한 흥분과 기쁨이 당신의 일상적인 삶에
경이와 기적을 만들어내고 있습니다.
이러한 경이와 기적을 완전히 받아들이세요.

808

당신은 유리한 입장에 있습니다.
모든 것이 순조롭게 진행되고 있음을 믿으세요.
그리고 자기 자신의 내적 진실에 계속 집중하세요.

가끔은 여정에서 가장 중요한 것이
'얼마나 멀리 왔는가'가 아니라
'얼마나 깊이 연결되었는가'일 때도 있습니다.
자기 자신을 위해 많은 시간을 쓴 것은
정말로 잘한 일입니다.

연결감을 느끼기 위한, 그리고 목표를 이루기 위한
당신의 여정을 신이 응원하고 있습니다.

당신이 나아갈 길이 열리고 있습니다.
당신의 꿈이 현실로 이루어질 수 있도록
모든 것이 완벽한 조화를 이루고 있습니다.

812

당신이 지금의 이 교훈을 배우고 있는 이유는
관계에 관련된 상처나 특정 관계가
아직 제대로 처리되지 않았기 때문입니다.
불필요한 문제들을 피하려면 앞으로 더 나아가기 전에
이 문제를 먼저 해결하는 것이 중요합니다.

813

진정한 당신 자신을 표현하고,
기쁨을 표현하고, 당신을 환히 밝혀주는
모든 것들을 표현하면
우주가 당신을 도울 것입니다.

814

앞으로 당신의 여정 속에서
천사들이 더 큰 역할을 하게 될 것입니다.
당신은 더 높은 목적에 따라
이 세상에 천사의 빛을 나누어주고 있습니다.

815

천사들이 지금 당신에게
새로운 시작을 위한 기회를 내려주고 있습니다.
당신에게는 항상 선택권이 있다는 것을 기억하세요.
당신은 가장 끌리는 길을 선택하라는
격려를 받고 있습니다.

816

당신은 지금 평화롭게 행동하라는
제안을 받고 있습니다.
앞으로 더 나아가기 전에
상대방의 관점으로 현 상황을 살펴보세요.
그러면 교훈을 얻을 수 있을 겁니다.

817

당신을 더 높은 목적에 연결해주는 경험과
기회들이 펼쳐지고 있습니다.
앞으로 다가올 중요한 일들과 축복을 기대해보세요.

818

어떤 행동을 취하기 전에,
현 상황이 어떻게 전개되기를 원하는지
마음속으로 명확하게 정리해보라고
천사들이 안내하고 있습니다.

819

어떤 결정을 내리기 전에,
나를 가장 기쁘게 만들어주는 것이 무엇인지를
생각해보라고 천사들이 안내하고 있습니다.

820

신의 계획을 얼마나 신뢰할 수 있는지,
위대한 성취를 방해할 수 있는 자신의 좁은 견해를
얼마나 내려놓을 수 있는지에 따라
당신이 앞으로 나아갈 길이 달라집니다.

821

당신은 여행하고 꿈꾸는 시간을 가지라는
안내를 받고 있습니다.
이렇게 하면 당신의 빛을 가릴 수 있는
생각이나 의도들을 정화할 수 있습니다.

822

지금 당신은 주변 사람들의 마음을
환히 밝힐 수 있는 상태에 있습니다.
당신 내면에는 빛이 있으며,
그 빛에는 전염성이 있다는 것을 기억하세요.
오늘, 친지들을 비롯한
여러 사람들과의 관계 속에서
당신의 온전한 모습을 보여주세요.

823

문제가 점차 해결되는 쪽으로
상황이 흘러가고 있습니다.
천사들과 상승 마스터들이 더 높은 목적을 향해
당신을 이끌어주고 있음을 알아두세요.

824

천사들이 당신의 현 상황에
조화의 빛을 비춰주고 있습니다.
평화와 평온이
그리 멀지 않은 곳에 있다는 것을 알아두세요.

825

당신은 여태껏 당신을 감정적으로 지치게 만드는
상황들에 잘 대처해왔으며,
천사들도 이를 기뻐하고 있습니다.
당신의 앞길이 뻥 뚫려 있습니다.

826

당신이 사랑하는 사람들,
그리고 당신을 사랑해주는 사람들과
깊이 연결되는 시간을 가져보세요.
그러면 내면의 빛을 다시 밝힐 수 있습니다.
당신은 소중한 사람으로 대우받을 자격이 있습니다.

827

당신이 받고 있는 사인들을 믿으세요.
이러한 사인들에는 당신이 정말로
올바른 길을 가고 있다는,
신이 당신의 여정을 지원하고 있다는
메시지가 담겨 있습니다.

828

천사들이 당신의 모든 개인적·직업적 성취를
축하하며 춤을 추고 있습니다.
지금까지 수고해준 나 자신을
알아주는 시간을 가져보세요.

829

당신이 이 여정에서 거쳐야 할 다음 단계는
지난 시대의 위대한 성녀, 여신, 여성 마스터들의
목소리와 메시지에 연결되는 것입니다.
그들이 지금 당신과 함께하고 있습니다.
이 세상에 그들의 메시지를 나눠주세요.

830

당신의 경험에는 다 이유가 있습니다.
당신만의 길, 당신이 가진 힘과 목표를 믿으라고
천사들이 격려하고 있습니다.
당신에게는 이 세상에서 수행해야 할
중요한 역할이 주어져 있습니다.

831

상승 마스터들은 지금 당신의 부름에 응답하여
당신과 교감할 준비가 되어 있으며,
이를 고대하고 있습니다.
이들은 당신의 의식과 이해도를 높여줄
강력한 정보들을 당신에게 전송해줄 수 있습니다.

832

자기 자신과 교감하는 시간을 가져보세요.
그러면 신의 계획과 연결되는 데
도움이 될 것입니다.

833

예수님이 당신과 함께하고 있습니다.
그분이 당신을 인도하고 있다는 것을 알아두세요.
당신 안에는 당신이 직면한 모든 그림자를
이겨낼 수 있는 빛이 있습니다.

834

스스로를 발전시켜가는 이 여정 속에서
천사들이 당신을 보살피고, 보호해주고 있습니다.

835

변화를 받아들이세요.
일어나는 모든 일이
신성한 법칙에 따른 것임을 알아두세요.

836

웃고 행복해할 만한 여유를 가지라고
천사들이 제안하고 있습니다.
당신이 여태껏 집중해왔던 심각하고 진지한 에너지는
인제 그만 놓아주세요.
이 에너지가 당신의 빛과 재능을
꺾어버리고 있습니다.

837

지금껏 기도하고 내적으로 작업해온 그것이
이제 당신에게 경험으로 다가오고 있습니다.
우주가 최선의 결과를 향해
당신을 인도해주고 있다는 것을 믿으세요.

838

당신이 현재 경험하고 있는 것은
전생 또는 이번 생에서 경험한 것들의 반향입니다.
인식을 크게 열어두면
메시지를 이해할 수 있을 것입니다.
그리고 이를 통해 이번에는
패턴 또는 상처를 치유할 수 있을 것입니다.

839

당신은 신성한 여성성과 합일되고 있으며,
신성의 개입에 마음과 가슴을 열라는
인도를 받고 있습니다.

840

앞으로의 일이 어떻게 될지
당신이 다 알 필요는 없습니다.
신과 천사들이 당신을 기쁨과 성장으로
인도해주고 있다는 것을 믿으세요.

841

이 시기에는 자신에게 어떠한 재능이 있는지를
인정하고, 그 재능을 되찾는 것이 중요합니다.
진정한 자기 자신을 기억해낸다면
앞으로의 길이 순탄해질 것입니다.

842

당신이 사랑하는 사람들이 가지고 있는 재능을
인정하는 시간을 가져보세요.
그들에게는 지금 당신의 빛과 긍정성이 필요합니다.

843

천사들이 영혼의 눈으로
세상을 바라보라고 촉구하고 있습니다.
당신의 삶이 온갖 경이와 기회로
가득 차 있는 것을 느껴보세요.
이러한 현실을 경험해보세요.

844

지금, 천사가 어떤 상황에 개입하거나
당신을 안내해주기 위해서는
당신의 허락이 필요합니다.
다음 단계로 인도받을 준비가 되었다면
천사들에게 도움과 지원을 요청하세요.

845

미카엘 대천사가 당신을 기다리고 있습니다.
그는 당신 삶의 부정성이나 문제들을
부드럽고 안전하게 없앨 수 있도록
도와줄 준비가 되어 있습니다.
지금 그를 부르세요.

846

이 시기에는 자신의 신체와 에너지를
인식할 필요가 있다고 천사들이 조언하고 있습니다.
자기 인식은 높은 자존감과 연결감의
중요한 열쇠가 됩니다.

847

과거의 행동과 의도가 현실로 창조된 것이
당신의 현재 경험입니다.
자기 자신과 자신의 재능에 대해
비아냥대는 케케묵은 생각 패턴들을
마음속에서 지우면 당신을 기쁨으로
고양시키는 경험을 쌓을 수 있을 거라고
천사들이 안내하고 있습니다.

지금 당신의 목적의식이 커지고 있습니다.
당신이 밟고 있는 모든 단계들을
하늘이 돕고 있습니다.
당신은 옳은 일을 하고 있습니다.

자신의 감정과 계속 교감하라고,
내가 여전히 붙들고 있는
과거의 감정들이 무엇인지를 계속 찾아보라고
천사들이 격려하고 있습니다.
이런 감정들을 놓아주면
어떤 일들이 당신을 기다리고 있는지를
명확하게 볼 수 있습니다.

850

지금 당신의 여정이 풍요와 관련한
영적인 법칙에 의해 가속화되고 있습니다.
기적의 순간을 기대해보세요.

851

자신에게 어떤 재능이 있는지를 기억하고,
필요한 모든 것이 이미 내 안에 있다는 것을 믿으면
성공을 향한 길이 자연스럽게 펼쳐질 것입니다.

852

지금 당신은 어떤 사람과의 대화나 관계에서
문제를 겪고 있을 수 있습니다.
하지만 성장을 이루고
더 많은 기쁨을 경험하기 위해서는
이러한 문제를 해결하는 것이 필수적입니다.

853

우주가 신성의 계획을 신뢰하라고
당신을 촉구하고 있습니다.
당신의 여정이 어떻게 전개되든 간에,
그것이 언제나 최고의 선(highest good)과
진리를 위한 것임을 믿으세요.

854

더 많이 신뢰하고 더 많이 내맡길수록
가슴 안으로 들어올 수 있는 기쁨의 크기도 커집니다.
지금, 믿음을 가지세요.

855

지금 당신은 풍부한 영적 경험을 할 기회,
경제적으로 부유해질 수 있는 새로운 길을
개척할 기회를 빠르게 현실로 창조하고 있습니다.

856

앞만 보고 달리지 말고
지금 이 순간의 풍경을 즐겨보세요.
천사들이 지금 당신과 함께 있습니다.
천사들과 연결되세요.

857

당신은 마음과 감정의 힘을 기억하라는
안내를 받고 있습니다.
당신이 믿는 것, 의식을 집중하는 것이
곧 당신의 삶에 창조될 것입니다.

858

지금 당신은 의식을 집중한 모든 대상들이
빠르게 현실로 창조되는
에너지 소용돌이 속에 있습니다.
천사들은 긍정적인 경험을 현실로 창조하고 싶다면
당신의 목적의식과 자신들의 존재에
다시 연결되어야 한다고
제안하고 있습니다.

859

지금 당신의 영적 성장이 극에 달해 있습니다.
앞으로의 여정에 도움이 될, 강력하고 예지적인
비전을 경험할 수 있도록
제3의 눈이 열리고 있다는 것을 알아두세요.

860

당신의 생명이 신의 빛과 사랑으로
유지되고 있다는 것을 기억하세요.

861

당신의 신체적·정신적 건강과 에너지는
당신의 가장 큰 자산입니다.
지금 당신에게 어떤 것이 필요한지 살피는 데
최선을 다하라고 천사들이 제안하고 있습니다.

862

지금은 관계의 다음 단계로 넘어가는 것이
권장되는 때입니다.
상대방을 향한 헌신, 취약성(vulnerability),
기꺼이 마음을 여는 자세 등은
모두 당신이 마땅히 받아야 할 사랑을
경험하는 데 도움이 될 것입니다.

863

당신은 자신을 환히 빛내줄 기회,
세상을 향한 새로운 사랑의 느낌을 가져다줄 기회를
끌어당기고 있습니다.
이 순간을 놓치지 말고 앞으로 쭉 나아가세요.

864

내면에서 흘러나오는 신성의 안내를 활용하라고
천사들이 격려하고 있습니다.
당신에게 그러한 정보를 받을 자격이 있다는 것을
기억하세요.

865

이제 경제적인 문제와 관련된
최악의 상황은 넘겼다는 것을
천사들이 알려주고 싶어합니다.
당신이 항상 풍요와 지원을 향해 나아가고 있음을
믿으라고 하늘이 격려하고 있습니다.

워-워. 당신은 원래의 의도에서,
그리고 당신에게 도움이 되는 것들에서
벗어난 방향으로 향하고 있습니다.
천사들이 불필요한 드라마를 유발하는
상황에서 벗어나 원래의 길로 돌아가라고
촉구하고 있습니다.

당신은 기적적인 순간을 경험하고 있습니다.
사랑과의 연결을 유지하고
지금 하고 있는 일들에 온전히 집중하세요.
당신의 노력과 헌신이 인정받고 있으며,
긍정적인 결과가 나올 수 있게끔
하늘이 도와주고 있습니다.

868

길이 순탄해지고 있습니다.
지금은 일이 척척 진행되면서
완전성을 느낄 수 있는 시기입니다.
지금 당신의 모습을 온전히 받아들이라고
천사들이 격려하고 있습니다.

869

당신은 자신의 영혼과 정신의
더 심층적인 부분들을 드러낼 수 있을 만큼
안전함을 느끼는 상태로 나아가고 있습니다.
내면의 것들을 드러내는 것이
기적과 치유로 이어질 수 있음을 알아두세요.

870

충만하고 기쁨이 넘치는 삶을 사는 데
필요한 것들을 현실화하고 있는 당신을
신께서 돕고 계십니다.

871

지금은 다시 자기 자신에게로 주의를 돌릴 때라고
천사들이 조언하고 있습니다.
자신의 성장에 집중하면
그간 열심히 노력해왔던 것들에서
긍정적인 결과를 경험하게 될 것입니다.

872

다른 사람들과의 관계가
파트너십, 우정, 협업의 기회로 이어지고 있습니다.
이 여정의 다음 단계에서는
당신만큼이나 훌륭하고 재능 있는 사람과
함께 나아가게 될 겁니다.

873

나 자신에게 집중하지 못하게 만들거나
지금 이 순간에 현존하지 못하게 만드는 것들을
멀리하라고 천사들이 제안하고 있습니다.
한 걸음 물러나
내 내면의 신비한 힘과 다시 연결되세요.

874

천사들이 당신의 주위를 돌며
감미로운 노래를 부르고 있습니다.
당신이 축하받고 있음을,
당신이 요청한 것이
당신에게 주어지고 있음을 알아두세요.
축하할 만한 결과가 다가오리라는 것을
기대해보세요.

875

기적과 축하의 에너지가 당신 삶에 가득합니다.
가장 긍정적이고 다정한 시선으로
앞날을 바라보라고 천사들이 격려하고 있습니다.
지금 당신은 돌파구를 목전에 두고 있습니다.

876

지금 마주하고 있는 문제가 힘을 되찾을 기회이자
그 힘을 가슴속에서 전적으로 받아들일 기회라는 것을
알라고 천사들이 격려하고 있습니다.
당신은 강해질 준비가 되어 있습니다.

877

축복의 천사들이 지금 당신을 둘러싸고 있으며,
당신의 삶을 축복의 에너지로 채워주고 있습니다.
가슴과 마음을 열고 눈을 떠서
이들이 주는 기적을 경험하세요.

878

진실하고 정직한 생각, 의도, 행동을
계속 이어나가라고 천사들이 격려하고 있습니다.
당신이 원래 가지고 있던
목표와 가치관에만 집중하세요.
이러한 목표와 가치관이
당신에게 꼭 필요한 답을 찾아줄 것입니다.

879

정신적·정서적 건강을 회복하기 위해서는
나 자신에게로 돌아가는 리트릿^{retreat}의 시간을
가져야 한다고 천사들이 안내하고 있습니다.

880

신이 당신과 함께합니다.
신은 당신 안에 계십니다.
당신의 길이 이제 매끄럽게 정리되었으며,
환히 빛나고 있습니다.

881

당신은 앞으로 더 나아가기 전에
자신이 출발지로부터 얼마나 멀리 왔는지를
자세히 살펴보라는 제안을 받고 있습니다.
지금은 인내심이 중요한 시기입니다.

882

당신을 일으켜 세워주는 사람들이 없었다면
당신이 걷고 있는 이 여정도
지금과 같지 않았을 것입니다.
지금까지 당신을 지지해준 사람들에게
사랑과 감사를 전하라고
천사들이 안내하고 있습니다.

883

예배하고 기도하는 데 썼던 그 모든 시간들이
당신의 영혼을 확장시켜줄 것이며,
당신이 앞으로 지지받는 느낌을 경험할 수 있도록
도와줄 것입니다.
당신은 신 그리고 천사들과의 연결을 타고났습니다.
이를 과소평가하지 마세요.

884

자유의 천사들이 당신을 둘러싸고 있으며,
두려움이나 걱정 없이 앞으로 나아갈 수 있도록
당신을 돕고 있습니다.
당신은 견고한 자신감과 믿음이 있는
새로운 상태를 향해 나아가고 있습니다.

885

어떤 변화를 일으키기 전에
먼저 정보를 수집하고
자신에게 어떤 선택지가 있는지를 검토해보라고
천사들이 제안하고 있습니다.
준비 없이 무언가 덜컥 시작해버리기 전에
우선 각별한 주의를 기울이면서
어떤 게 필요한지를 정리해보세요.

886

당신은 이 길을 걸으며
힘 있는 존재가 되어갈 것입니다.
진실을 나누고 모든 이들에게
옳은 일을 하는 데 집중한다면
당신의 힘이 언제나 신성의 계획에
부합하리라는 것을 알아두세요.

887

천사들이 당신의 앞길을
매끄럽게 정리해주고 있습니다.
지금까지 해왔던 모든 걱정들은
더 이상 문제가 되지 않을 것입니다.
계속 나아가세요.

888

당신 삶의 목적과
당신이 마음에 품고 있는 소망이 일치합니다.
당신은 옳은 일을 하고 있으며,
빛의 길을 따라가고 있습니다

889

당신은 빛의 일꾼으로 태어났습니다.
이 세상에 나눠주기 위해 가지고 태어났던
당신의 그 빛과 다시 연결되는 시간을 가져보세요.

890

영적 재능을 발견하고 있는 당신을
신이 응원하고 있습니다.

891

자기 자신과 다시 연결되는 것이
이 여정의 다음 단계입니다.
스스로와 교감하는 시간을 가져보세요.

892

지금은 자신의 필요를
충족시키는 시간을 가지면서,
인간관계에 내 에너지를
얼마만큼 쏟아도 괜찮은지에 대해서
솔직하게 살펴보는 것이 중요합니다.
자기 돌봄이 필요한 때입니다.

893

앞으로 당신에게 다가올 일들은
당신의 내면을 반영하는 일들입니다.
자아실현에 더 많은 관심과 에너지를 쏟을수록
당신의 여정에도 더 많은 빛이 비칠 것입니다.

894

천사들과 교감하면서
그들의 메시지에 마음을 열 수 있으려면
꾸준한 여유를 내야 합니다.
당신은 하늘과 교감할 수 있는
재능을 가지고 있습니다.

895

우주가 항상 당신의 의도와 신성한 계획에 따라
필요한 것을 전해주리라는 것을 믿으세요.
당신은 다가오는 모든 상황을
잘 처리할 능력이 있습니다.

896

최근에 떠오른 영감과 아이디어를 되살펴 보는
시간을 갖는 것이 중요합니다.
이러한 영감과 아이디어는
당신의 영혼이 준 선물입니다.

897

지금 당신은 미다스의 손을 깨우고 있습니다.
당신이 만지는 모든 것,
의식을 집중하는 모든 것이 금으로 변합니다.

898

당신의 희망, 꿈, 소망이 가장 지고한 것과
동조되어 있는지를 확인하세요.
지금 당신의 기도에 대한 응답이 나타나고 있으며,
당신의 의도가 현실로 창조되고 있으니까요.

899

당신은 자신의 불성佛性과 만나고 있습니다.
내면의 위대한 스승과 교감하면서
그의 메시지를 세상에 나누세요.

900

당신과 당신이 걷고 있는 영적인 길을
신이 인정하고 있습니다.

901

당신은 마땅히 받아야 할 사랑과 인정을
마침내 스스로에게 주고 있습니다.
신이 이에 대해 감사해하고 있습니다.

902

신께서 당신과 당신의 가족, 그리고 주변 사람들을
신성한 사랑으로 축복해주고 계십니다.

903

당신의 영혼이 확장될 수 있도록
신께서 도와주고 계신다는 것을 알아두세요.
영혼이 확장되면 천사들을
가슴 차원에서 알 수 있게 됩니다.

904

현재 천사들이
당신의 영혼과 동조된 상태에 있습니다.
당신이 지금 받고 있는 메시지가
신의 가슴에서 직접 온
메시지라는 것을 알아두세요.

905

당신에게 다가오는 변화는
하늘이 내려준 것입니다.
그러니 받아들이세요.

906

믿음의 마음으로 돌아가
모든 걱정을 하늘에 내맡기세요.
그러면 기적을 경험할 준비가 될 것입니다.
신을 믿으세요.

907

당신이 찾고 있는 답은 이미 당신 안에 있습니다.
영혼의 지혜를 과소평가하지 마세요.
귀를 기울이면 당신이 알아야 할 것이
무엇인지를 듣게 될 것입니다.

908

당신은 당신에게 기쁨과 만족을 주는 쪽으로
현재의 방향이나 목표를 재조정하라는
부추김을 받고 있습니다.

신의 사랑을 느끼고, 그 사랑의 통로가 될 수 있도록
당신의 크라운 차크라가 열리고 있습니다.

당신은 자신의 에너지 체계를
신 그리고 우주와 동조시키고 있습니다.
밝고 장난기 가득한 상태로 있을 수 있다면
높은 진동수를 유지할 수 있습니다.

당신은 모든 생명체와 우주적으로,
무한히 연결되어 있습니다.
이는 과거에도 그랬고 앞으로도 그럴 것입니다.
지금 당신이 동조되어 있는
그 지혜에 연결되세요.

912

당신이 하고 있는 영혼의 작업이
당신의 삶에, 특히 다른 사람들과의 관계에
긍정적이고 치유적인 영향을
미치고 있다는 것을 알아두세요.

913

지금 당신에게 다가오는 메시지와
직감적으로 알게 되는 정보들을 믿으라고
천사들이 격려하고 있습니다.

914

내면 깊숙이 들어가는 시간, 당신 곁으로
천사들을 불러오는 시간을 가져보세요.
천사들이 당신의 여정과 영적 성장을 돕기 위해
대기하고 있습니다.

진실을 향한 당신의 헌신이
더 많은 기쁨을 느끼게 해줄
새로운 기회들을 만들어내고 있습니다.

당신의 생각이 한층 더 업그레이드 되었음을
천사들도 인정하고 있습니다.
당신은 긍정적이고 조화로운 마음을
갖추기 위해 열심히 노력해왔으며,
이제 그 결과를 누릴 차례입니다.

천사들이 새로운 시작과 기회의 문을
열어주고 있습니다.
변화를 받아들이세요.

918

자신이 스스로와 영적으로
얼마나 깊이 연결되어 있는지,
얼마나 깊이 성장했는지를 의식해보세요.
자신이 현재 어떤 모습으로 성장했는지
의식하는 시간을 가지면
더욱 황홀하고 풍요로운 삶을 살 준비가 될 것입니다.

919

당신은 지금 급격한 영적 성장을 경험하고 있습니다.
모든 어둠이 걷히면서 빛이 들어오고 있습니다.

920

로맨스의 천사들이 당신의 삶 속으로
들어오고 있습니다.
사랑에 홀딱 빠질 준비를 하세요.
연인과의 신성한 교감을 즐기세요.

921

조화의 천사들이 당신 주위를 빙빙 돌고 있습니다.
이들이 에너지를 정화해주고,
삶의 평온을 되찾아주고 있습니다.

922

지속적인 자기 수용을 통해 여정의 다음 단계가
아름답게 펼쳐질 것입니다.
받고 싶은 사랑을 자기 자신에게 주라고
천사들이 격려하고 있습니다.

923

당신은 여러 사인을 목격하고 있으며,
천국과 연결되고 있습니다.
이러한 연결의 핵심은
당신 내면의 사랑입니다.

924

천사와 대천사들이
지금 당신을 둘러싸면서
축복을 내려주고 있습니다.

925

현 상황에서 바랄 수 있는
최상의 결과에만 집중하라고
천사들이 격려하고 있습니다.
이러한 결과가 나오기 위해서는
당신의 기도와 긍정성이 필요합니다.

926

당신이 끌림을 느끼고 있는 그 변화를
기꺼이 받아들이세요.
그것은 헛된 공상이 아니라
천사들의 신성한 인도에 따른 영감입니다.

927

당신의 기도가 하늘에 가닿았음을,
그리고 신성한 타이밍에 맞춰
기도에 대한 응답이 오리라는 것을 알아두세요.

928

신성의 지혜와 안내가
지금 당신에게로 들어오고 있습니다.
지금 당신에게 들려오는 그것은
상상의 산물이 아니라 하늘에서 내려온 정보입니다.

929

당신은 고요하고 평화로운 상태로 옮겨가고 있습니다.
마음 챙김과 자기 돌봄을 통한
재충전의 기회를 가져보세요.

930

당신에게는 신이 내려주신 치유의 재능이 있습니다.
더 큰 목적의식을 경험하고 싶다면
이러한 재능을 세상에 펼쳐보세요.

931

용서하는 마음을 자기 자신에게로 돌리라고
천사들이 격려하고 있습니다.
당신이 붙들고 있는 원한이나 불만을 놓아버리고,
고양됨과 연결됨을 경험하는 시간을 가져보세요.

932

이 시기에는 주변 사람들과 교감이 잘 되며
그들과의 관계에서
사랑을 풍족하게 느낄 수 있습니다.

933

예수님이 당신의 급격한 상승을 돕고 있습니다.
당신은 한때 자신을 가로막았던
케케묵은 이야기들을 넘어서고 있습니다.
이제 사슬이 끊어지고
마침내 자유가 찾아왔습니다.
일어나세요.

934

당신의 재능과 빛이
내면에서 솟아오르고 있습니다.
앞으로 나아가라고,
진정한 자기 자신을 표현하라고
천사들이 격려하고 있습니다.

주변에서 어떤 변화가 일어났다면
그것을 축하하라고 천사들이 격려하고 있습니다.
모든 것이 계획에 따라
아름답게 펼쳐지고 있다는 것을 아세요.
이 모든 게 당신의 목적에 내적으로 연결되고,
동조되기 위해 일어나는 일입니다.

천사들이 당신과 함께하고 있다는 것을 믿으면서
계속 나아가세요.
믿음이 당신의 인생에 기적을 가져다줄 것입니다.

꿈과 비전을 통해 나타났던 정보들을
더 깊이 느껴보라고 천사들이 격려하고 있습니다.
지금 당신의 의도를 현실화하는 데
도움이 될 강력한 메시지가 드러나고 있습니다.

938

지금의 문제를 극복하는 일이
곧 전생과 연관된 카르마,
두려움에서 벗어나는 일이라는 것을
천사들이 알려주고 있습니다.
카르마의 주님들(lords of karma)을 불러
이러한 카르마로부터 영원히 벗어날 수 있게 해달라고
도움을 요청하세요.

939

당신은 지금 신성의 목소리와 신성의 에너지에
접촉하고 있습니다.
당신은 신성한 사랑을 담는 그릇이므로,
영혼의 매개체인 육체를 돌보는 것이
중요하다는 것을 알아두세요.

940

지금 당신이 스스로를 보살피고 있는 것에 대해
신과 천사들이 감사해하고 있습니다.

941

천사들이 항상 당신의 말을
듣고 있다는 사실을 알아두세요.
당신은 절대 혼자가 아닙니다.

942

당신은 수호천사와의 깊고 강한 연결을
만들어가고 있습니다.
지금 당신에게 들려오는 것,
지금 당신이 경험하는 것을 믿으세요.

943

당신은 영적 안내자들에게 둘러싸여 있으며
그들에게 도움을 받고 있습니다.

944

잊고 있던 재능을 다시 발견하거나
잃어버린 재능을 회복할 수 있도록
천사들이 당신을 돕고 있습니다.
이 시기에는 심령적인 직관이 생기거나
비전이 보일 가능성이 큽니다.

945

당신이 영혼의 심층부로 들어가서
영혼의 작업을 하는 동안
대천사들이 당신을 보호합니다.

946

균형의 천사들이
당신의 삶이 안정적이고 일관적인지,
당신의 삶 속에 연결감이 존재하는지를
생각해보라고 제안하고 있습니다.
당신을 지치게 만드는 상황에서 벗어나,
당신에게 활력을 주는 것에만
의식을 집중하세요.

947

이 시기에는 의도의 에너지가 중요합니다.
당신의 의도가 당신의 경험을 창조하는 중이므로
내가 진정 원하는 것이 무엇인지,
앞으로 어떻게 살고 싶은지를 명료히 하라고
천사들이 제안하고 있습니다.

948

당신은 지금 삶의 방향성에 관한
강력한 통찰을 경험하고 있으며,
이에 대한 정보를 다운로드받고 있습니다.
당신에게 필요한 진실이
지금 당신 앞에 드러나고 있습니다.

949

성령께서 당신 가슴의 잔을
흘러넘칠 때까지 채워주십니다.
당신이 기적을 경험할 자격이 있다는 것을
알아두세요.

950

지금 일어나고 있는 변화는
신께서 창조하시고 주관하신 것입니다.
당신이 알지 못하는 더 큰 그림이
있을 거라고 믿어보세요.

951

당신은 자기 마음의 마스터가 되라는
안내를 받고 있습니다.
원하는 것에 집중하고, 목표를 높게 잡으세요.

952

당신은 길을 가로막고 있는 모든 것들을
직면하라는 안내를 받고 있습니다.
이렇게만 한다면 당신이 꿈꿔왔던
마법 같은 상황이 펼쳐질 것입니다.
계속 집중하세요.

953

영혼을 성장시키기 위해서는 내면 깊숙이 들어가
두려움을 마주해야 합니다.
당신이 큰 영적 변화를
앞두고 있다는 것을 알아두세요.
당신은 곧 높이 날아오르게 될 것입니다.

954

변화를 겪는 동안 자기 자신을 잘 돌보라고
천사들이 격려하고 있습니다.
스스로를 자비롭게 대해주고,
지금까지 수고해준 자기 자신을 알아주세요.

955

당신은 깊은 진실을 드러내고 있으며,
이러한 진실이 당신의 영적 자아를 일깨우는
큰 변화를 일으키고 있습니다.
당신의 재능을 드러내어 풍요를 경험하세요.

956

그동안의 노력이 결실을 맺고 있으며,
균형이 다시 맞춰지고 있습니다.
당신은 자신이 베푼 것을
고스란히 다시 얻게 될 것입니다.

957

자신의 꿈, 비전, 의도에 전념하세요.
이것들의 실현이 그 어느 때보다도
더 가까워져 있습니다.
당신의 노력이 결실을 보리라는 것을 알아두세요.

958

당신은 지고한 보호를 받고 있으며,
앞으로의 일이 조금 험난할지라도
여전히 안전하리라는 것을 알라는
메시지를 받고 있습니다.
지금은 약간의 혼란이 있을 수 있지만
곧 모든 것이 다시 순조로워질 것입니다.

959

당신은 행동하라는 부름을 받고 있습니다.
목적을 가지라고,
그리고 그것을 세상과 공유하라고
하늘이 안내하고 있습니다.
모범을 보이면서
사람들을 이끌 기회가 주어졌으니
이 기회를 잡으세요.

960

당신의 에너지와 핏줄(family lineage) 속에
오랫동안 정체되어 있던 어떤 것이
당신이 해온 내면 작업 덕분에
정화되었음을 알라고
신께서 격려하고 있습니다.
오랜 상처가 치유되었습니다.

961

당신의 빛이 활성화되고 있습니다.
온 힘을 다해 그 빛을 빛내세요.
그리고 당신이 지고한 것에
동조되어 있음을 알아두세요.

962

미래에 대한 어떤 계획을 세울 때는
당신이 사랑하는 이들을 먼저 고려해보세요.
당신은 누가, 혹은 무엇이 가장 중요한지
잘 생각해보라는 안내를 받고 있습니다.

963

동굴 밖으로 나오세요.
당신은 사람들에게 나눠주어야 할
중요한 무언가를 갖고 있습니다.
내면의 부름에 따르세요.
자신이 다른 이들의 스승이 되는 것을 허용하세요.

964

당신은 지금 강력한 심령적 연결 상태에 있습니다.
천사들이 당신의 직관을 통해 말을 전하고 있으므로
당신에게 들려오는 메시지들을
신뢰하는 것이 중요합니다.

965

지금 당신은 물질에 너무 집착하지 말라는
안내를 받고 있습니다.
당신의 삶을 축복해주려는 풍요의 에너지를
이러한 집착이 막고 있습니다.
그러니 그저 내맡긴 채로
마법 같은 일이 일어날 수 있도록 허용하세요.

966

의식을 높이려면 자기 자신에게
근본적으로 솔직해져야 합니다.

967

당신의 진실이 당신의 스승입니다.
당신이 믿는 바를 굳건히 지켜나간다면
신과 천사들로부터 더 많은 도움을
받을 수 있다는 것을 알아두세요.

968

천사들이 당신의 민감한 면모를 드러내라고
격려하고 있습니다.
당신은 지금 근본적으로
자신을 수용하는 상태에 있습니다.
당신의 장점을 드러내면서
다른 사람들이 당신의 그러한 면을
받아들일 수 있도록 허용하세요.

969

당신의 에너지는 황금빛이며,
신성한 연금술과 마법의 에너지에 동조되어 있습니다.
따라서 당신의 영혼은 지금
엄청난 변화를 경험할 수 있는 기회를
만들어내고 있습니다.

970

이 여정의 다음 단계에는
깊은 자기애와 수용의 마음이 필요하다는 것을
알아두라고 신께서 안내하고 계십니다.

971

당신은 사랑의 생각을 선택하라는
신성한 인도를 받고 있습니다.
자신의 신성한 가치를 인식하세요.
사랑은 당신이 갖고, 나누고, 경험할 수 있는
당신의 것입니다.

972

지금은 재충전의 시간을 갖는 것이 중요합니다.
당신은 자신의 감수성을 존중하라는
안내를 받고 있는데,
이는 자신의 연약한 면을 다룰 줄 알아야만
다른 사람도 도울 수 있기 때문입니다.

973

천사들과 상승 마스터들이 당신 주변으로
황금색 지혜의 빛을 비추고 있습니다.
당신은 그간 찾아 헤맸던 답이
사실 자기 내면에 있다는 것을
깨달을 수 있도록 안내받고 있습니다.

974

천사들은 당신이 한 주기 또는 한 단계의 끝에
이르렀음을 알려주고 있으며,
자신들이 당신을 다음 단계로 안내하고 있으니
믿으라고 격려하고 있습니다.
오랜 환상이 지금 드러나고 있으며,
또한 해소되고 있습니다.

975

하늘의 힘을 믿으세요. 천사들이 당신 곁에 있습니다.

976

당신은 우주가 당신과 함께하고 있으며,
또한 당신 안에 있다는 것을 기억하라는
격려를 받고 있습니다.
당신이 만물과 얼마나 밀접히 연결되어 있는지를
기억할 때, 영적 보호의 망토가
당신을 사랑으로 감싸 안아줄 것입니다.

977

지금 당신의 삶 속에 생명의 에너지와 힘
그리고 마법의 기운이 흐르고 있습니다.
당신에게 필요한 기적을 요청하고,
그 즉시 기적을 경험할 마음의 준비를 하세요.

978

당신의 다르마dharma,
즉 의義의 길이 훌륭하게 펼쳐지고 있습니다.
한 번에 한 걸음씩 내딛으세요.
행복이 당신을 기다리고 있습니다.

979

당신은 힘과 빛을 향해 나아가는 데 방해가 되었던
유대 관계, 인연, 속박 및 카르마적 구속 상태를
풀어내고 있습니다.

980

신이 당신의 여정을 이끌어주고 있습니다.
당신의 길이 신성한 사랑에
부합하는 길임을 알아두세요.

981

당신은 자신의 힘과 빛을 다시금 발견하고 있습니다.
진정한 나 자신이라는 집으로
돌아온 것을 환영합니다.

982

당신은 지금 관계 속에서
화합과 평화를 경험하고 있습니다.
이전의 모든 걱정과 문제들이 사라지면서
그 자리에 사랑과 수용이 채워지고 있습니다.

983

지구 에너지와 다시 연결되세요.
여정의 다음 단계로 넘어가려면
그라운딩이 잘 되어 있어야 합니다.

984

당신의 천사 팀이
대담하게 자신의 소신을 얘기하라고,
당신의 가슴속에서 느껴지는 진실을
사람들이 똑똑히 들을 수 있게 하라고
격려하고 있습니다.
다른 이들에게 존중받고 싶다면
근본적으로 정직해질 필요가 있습니다.

985

당신의 현 상황에
정의와 신성한 질서가 구현되고 있습니다.
천사들은 '관련된 모든 당사자들에게
옳은 일'을 행하라고
당신을 격려하고 있습니다.

986

더 높은 배움이 펼쳐지고 있습니다.
당신이 현재 경험하고 있는 것이 곧
강력한 배움의 순간입니다.

987

천사들은 모든 것이 계획대로 전개되고 있으니
이를 믿고 침착함을 유지하라고 격려하고 있습니다.
당신이 풍요와 기적을 경험할 수 있도록
상황이 흘러가고 있습니다.

988

천사들은 당신이 자기 삶의 의미와 힘을
과소평가하는 것을 원치 않습니다.
당신은 이 세상에 나누어야 할
특별한 무언가를 지니고 있습니다.

989

당신은 매우 중요한 무언가와 접촉하고 있습니다.
장애물이 사라지고, 문제가 해결되고 있습니다.
당신은 개인적 초탈의 상태로 옮겨가고 있습니다.

990

당신은 빛과 사랑의 길을 걷고 있습니다.
당신이 결코 죄인이 아니라는 사실,
언제나 사랑받고 용서받으며,
격려받고 있다는 사실을 기억할 수 있도록
신께서 당신을 응원하고 계십니다.

991

하늘과 다시 연결되세요.
기도하고 묵상하는 시간을 가져보세요.
구하면 받게 될 것입니다.

992

사람들과 맺는 관계 속에도
천국이 있을 수 있다는 사실을 알아두세요.
당신이 두려움 없이 사랑할 수 있도록
이전의 모든 문제들이
지금 해결되고 있다는 것을 알아두세요.

993

신성한 개입이 일어나고 있습니다.
당신이 행복과 목표를 향해
인도받고 있다는 것을 알아두세요.

994

신성한 비전을 일깨워
그것과 연결된 당신을 천사들이 응원하고 있습니다.
기꺼이 세상을 사랑과 용서의 눈으로 바라보세요.

995

당신이 높이 날아오르려면 무엇이 필요한지를
우주는 정확히 알고 있습니다.
지금 당신은 높이 올라가는 중이며,
어둠을 넘어서는 중입니다.

996

지금 영감과 사랑의 물결이
당신을 통해 흐르고 있으며,
당신으로부터 흘러나오고 있습니다.
은총을 경험하고 싶다면
당신의 재능을 세상과 나누세요.

997

당신의 삶은 당신의 목적
그리고 그보다 더 높은 목적과 동조되어 있습니다.
지금까지 당신이 해온 일은
결코 우연에 의한 것이 아니었습니다.
이제 진정한 나 자신이라는 신비를 경험하세요.

998

성장하겠다는, 치유하겠다는 당신의 의도가
지금의 당신을 만들었습니다.
당신이 이뤄낸 당신의 모습이 어떤지를 보세요.
이를 기뻐하세요.

999

당신이 일체감을 다시 느낄 수 있도록
신성하신 성모 마리아께서 당신을 응원하고 계십니다.
가슴이라는 집으로 돌아온 것을 환영합니다.

지구에는 수많은 천사들이 있다는 사실을 기억하세요.
언제나 하나 이상의 수호천사가 당신과 함께하고
있습니다. 당신 자체가 그들의 목적입니다.
수호천사들은 당신이 안전한 기분, 인도받는 기분,
보호받는 기분을 느끼기만을 원합니다. 이들은
자신들이 곁에 있으며, 기적을 일으켜 당신을 도와줄
수 있다는 것을 기회가 있을 때마다 상기시켜줍니다.
수호천사들이 당신과 함께하는 이유는 당신 자체가
사랑이며, 당신에게 사랑을 경험할 자격이 있기
때문입니다.
어떤 숫자 메시지를 받든 천사들이 당신을 돕기
위해, 당신을 자유와 사랑으로 인도하기 위해 언제나
대기하고 있다는 것을 믿으세요. 그저 요청하는
기도만 하면 됩니다. 응답 없는 기도는 없습니다.
천사들이 당신의 여정에서 당신을 안전하게 지켜주고
보호해주기를 기도합니다.